国网能源研究院有限公司
STATE GRID ENERGY RESEARCH INSTITUTE CO., LTD.

2023

国内外能源电力企业数字化转型分析报告

国网能源研究院有限公司　编著

中国电力出版社
CHINA ELECTRIC POWER PRESS

图书在版编目（CIP）数据

国内外能源电力企业数字化转型分析报告.2023/国网能源研究院有限公司编著.—北京：中国电力出版社，2024.3

ISBN 978-7-5198-8736-0

Ⅰ.①国… Ⅱ.①国… Ⅲ.①能源工业－数字化－研究报告－世界－2023②电力工业－数字化－研究报告－世界－2023 Ⅳ.①F416.2②F416.61

中国国家版本馆 CIP 数据核字（2024）第 045283 号

出版发行：中国电力出版社

地　　址：北京市东城区北京站西街 19 号（邮政编码 100005）

网　　址：http://www.cepp.sgcc.com.cn

责任编辑：刘汝青（010-63412382）　董艳荣

责任校对：黄　蓓　郝军燕

装帧设计：张俊霞　赵姗姗

责任印制：吴　迪

印　　刷：三河市万龙印装有限公司

版　　次：2024 年 3 月第一版

印　　次：2024 年 3 月北京第一次印刷

开　　本：787 毫米×1092 毫米　16 开本

印　　张：8.5

字　　数：119 千字

印　　数：0001—1500 册

定　　价：188.00 元

声　　明

一、本报告著作权归国网能源研究院有限公司单独所有。如基于商业目的需要使用本报告中的信息（包括报告全部或部分内容），应经书面许可。

二、本报告中部分文字和数据采集于公开信息，相关权利为原著者所有，如对相关文献和信息的解读有不足、不妥或理解错误之处，敬请原著者随时指正。

序 言

经过一年来的艰辛探索和不懈努力，国网能源研究院有限公司（简称国网能源院）遵循智库本质规律，思想建院、理论强院，更加坚定地踏上建设世界一流高端智库的新征程。百年变局，复兴伟业，使能源安全成为须臾不可忽视的"国之大者"，能源智库需要给出思想进取的回应、理论进步的响应。因此，对已经形成的年度分析报告系列，谋划做出了一些创新的改变，力争让智库的价值贡献更有辨识度。

在 2023 年度分析报告的选题策划上，立足转型，把握大势，围绕碳达峰碳中和路径、新型能源体系、电力供需、电源发展、新能源发电、电力市场化改革等重点领域深化研究，围绕世界 500 强电力企业、能源电力企业数字化转型等特色领域深度解析。国网能源院以"真研究问题"的态度，努力"研究真问题"。我们的期望是真诚的，不求四平八稳地泛泛而谈，虽以一家之言，但求激发业界共同思考，在一些判断和结论上，一定有不成熟之处。对此，所有参与报告研究编写的研究者，没有对鲜明的看法做模糊圆滑的处理，我们对批评指正的期待同样是真诚的。

在我国能源发展面临严峻复杂内外部形势的关键时刻，国网能源院对"能源的饭碗必须端在自己手里"，充满刻骨铭心的忧患意识和前所未有的责任感，为中国能源事业当好思想先锋，是智库走出认知"舒适区"的勇敢担当。我们深知，"积力之所举，则无不胜也；众智之所为，则无不成也。"国网能源院愿与更多志同道合的有志之士，共同完成中国能源革命这份"国之大者"的答卷。

国网能源研究院有限公司

2023 年 12 月

前　言

　　能源转型与数字经济已经成为世界各国共同参与的重要且热点的领域，数字化推动能源行业清洁低碳发展成为能源转型的必要途径。特别是近年来，以大模型为代表的人工智能技术及其工程化应用取得突破性进展，叠加全球数字经济进入高速发展时期，新旧动能转换加速，外部环境变革和技术进步为能源数字化转型提供了新挑战和新机遇。在此背景下，作为承担能源转型重任主力军——能源电力企业的数字化转型也受到社会各界的强烈关注，有必要对国内外能源电力企业数字化转型进展、成效、问题与趋势进行持续分析研究。

　　《国内外能源电力企业数字化转型分析报告》作为国网能源院年度系列分析报告之一，自 2018 年以来，已经连续出版至第六个年头。本报告以历年来国内外能源电力企业数字化转型案例分析为基础，从国内外转型综合进展、转型典型案例和转型年度思考三个方面展开分析视角，按照形势要求、战略重点、进展问题、案例剖析以及专题研究等梯次研判，在加强研究深度、拓宽视野广度、优化展现形式上，力争有思想助力的贡献。

　　本报告共分为 3 篇 7 章。其中，综合篇主要描述能源电力企业数字化转型所面临的形势与要求，综合分析当前形势背景下企业转型的逻辑、进展和成效，重点剖析能源电力企业数字化转型在生产运营中的能力建设和典型场景，为企业数字化转型提供路径参考；案例篇主要分析国内外能源电力企业在电力生产、输电变电、用电服务等方面的实践过程及成功经验和问题教训等，为更加全面深入地研究能源电力企业数字化转型方法提供案例基础和国际经验借鉴；专题篇主要结合国网能源院能源数字经济研究所最新研究成果，优化升级转型成熟度评估模型，新增数据要素价值增值空间衡量模型，对能源电力企业数字化转型成熟度和数据要素价值开展量化评估，为企业优化转型路径提供量化分析依据。

　　虽然编写组已经对书稿进行了多次深入研究和精细推敲，但由于编者水平有限，难免存在疏漏和不足之处。因此，我们真诚地期待广大读者能够提出宝贵的批评和建议，帮助我们不断完善和提升书稿的质量和水平。感谢您的阅读和支持！

编著者

2023 年 12 月

目　录

序言

前言

案　　例　　篇

专　题　篇

概　　述

　　2023 年，是生成式人工智能爆发元年，是"数据二十条"❶ 开始落地生根的第一年，更是数字中国建设正式进入整体布局规划的起步一年。形势决定任务，对广大中国能源电力企业而言，2023 年无疑是数字化转型的成就之年，业数加快融合演进，市场化、绿色化、智能化加速融合发展，能源数字化的行业共识度大大加强，整个发展生态和治理环境焕然一新。能源电力的数字化转型，不仅是壮大实体经济、推动经济高质量发展的关键所在，更是实现能源清洁低碳、安全充裕、经济高效目标的重要引擎。能源电力企业借助数字化手段，加速能源供需的协同配合，推动设备智能化与灵活性创新，实现数据的互联互通。这不仅为能源电力产业数字化与数字产业化发展提供了坚实基础，更拓展了实体经济的内涵和外延，为数字经济与产业发展的深度融合开辟了更广阔的空间。

　　本报告的主要结论和观点如下：

　　能源电力数字化转型方向与技术路线正逐渐明朗，顶层机制设计将向着更加具象化、场景化的方向推进。在以产业数字化保障能源电力安全、低碳和可靠供应的基础上，能源电力企业将更加重视数字产业的创新发展，进一步激活创新创造活力，构筑自立自强的创新创造体系，并积极发挥标杆作用，带动其他产业提质、降本、增效。同时，能源电力行业的数字化发展也将助力打通数据壁垒，优化新型基础设施建设，构建更加开放共享的数据统一大市场建设，

---

❶ 《中共中央 国务院关于构建数据基础制度更好发挥数据要素作用的意见》。

1

提升产业集群在数字技术、数据、场景和解决方案等方面的发展能力,并构建科技研发、金融服务高度融合的集群发展生态。

大部分能源电力企业已迈过转型的起步阶段,正逐步形成体系完整持续、业数融合深入、模式探索创新的系统性转型战略架构与实践路径。经过一段时间的转型"高速期",当前大部分能源电力企业数字化转型正处在新的"平台瓶颈期",多年持续耕耘已经使企业数字化发展达到了一个较高水平的平台基础,同时单纯依靠数字技术、数字平台、数据要素等资源投入创造的"边际效益"在递减,必须要同步开展管理机制创新,主动与国企改革衔接,与市场化建设结合,让数字化转型逐步进入企业重大决策的"舞台中央"。

能源企业数字化转型正在从夯基础向强应用阶段过渡,数字化赋能感知通信、决策支撑、安全防御和制度优化成为企业深化转型的重点。在持续推进现代化产业体系建设、数字经济与实体经济深度融合发展趋势下,能源电力企业数字化转型相关数字基础设施、数据资源管理及应用、系统平台建设等基础性工作已经基本完成,下一步需要进一步聚焦数字化在企业生产运营活动中的深度嵌入,关注数字化在感知通信、决策支撑、安全防御和制度优化等各方面的赋能与颠覆创新能力建设,并结合企业实际业务需求,优选精细且迫切的典型场景开展深入研究,加强试点及推广工作,从"标准化"向"个性化"转变。

能源电力企业数字化转型殊途同归,国内外企业均通过强化发电质效、增强输变电能力与提升用户满意度等途径保障能源供给稳定与安全。国内能源电力企业更加注重顶层战略设计,以国家政策驱动数字化、智能化转型,鼓励自主创新与跨行业深度合作,广泛应用人工智能、机器学习技术,充分发挥数据作为高价值密度的生产要素的作用,促进成果转化与落地,实现工业化、产业化应用,引导能源企业完善顶层设计和企业全局性发展战略,推动能源利用向更加清洁、低碳、环保、节能、安全等方向发展。国外能源电力企业数字化转型起步较早,企业内部的架构、管理模式、发展体系都已经基本定型,侧重于数据要素的把握、数字技术的革新，紧跟科技潮流，推动大语言模型等最前沿数字化技术与能源电力行业的融合，因而数据、算力和算法正在成为推动国外能源电力企业数字化转型的重要途径，且数据、隐私、网络安全的地位也日益重要。

电力行业数字化转型成效依旧显著领先于石油、煤炭行业，新型基础设施建设方面优势突出，各行业产业带动能力各有特色。相较于石油和煤炭行业，电力行业数字化设备建造相关指标和评估维度划分更细、涉及内容更多，因此从量化角度实现生产经营全环节覆盖最为困难，但电力行业仍在柔性输电、智慧变配电等新型基础设施建设中不断发力，有效增强了新型基础设施建设的功能性、多样性和稳固性。产业带动能力方面，电力、石油、煤炭行业积极寻求资源与生产咨询渠道，为绿色能源数字化生产转型提供路径，在个性化产品服务、国际合作生态和技术协同创新等方面拓展了不同发展模式。

能源电力企业开展数据增值服务要明确数据增值机理与内涵价值，从基础能力构建、平台赋能运营与数据生态圈拓展等方面设计实施路径。数据增值服务属于新兴业务范畴，是能源电力企业未来的重要盈利增长点，主要依靠要素驱动和创新驱动。能源电力企业要持续推动数据增值服务朝技术底座平台化、数据运营标准化、业务应用生态化的发展，按照基础能力构建、平台赋能运营、数据生态圈拓展的实施路径，稳步推进数据增值服务做大做强，引导和支撑能源电力数据要素市场化巨大价值发挥。

（撰写人：贾雪枫　审核人：刘素蔚）

综合篇

1

能源电力企业数字化转型的机遇与挑战

数字革命与能源革命持续深入融合发展，能源和数据作为紧密关系国计民生的两大基础性资源，需要紧密耦合、协同发展，以能源数字化助力能源系统的清洁低碳、高效经济运行，推动数字经济与实体经济融合发展，进一步支撑现代化产业体系建设。能源电力企业是推进能源数字化的核心主体，能源电力企业数字化转型的成功与否直接关系能源系统的转型升级。国内国际环境深刻变化，能源电力企业面临更加复杂多变的政策环境与机遇挑战。

1.1 国际政策下的数字化转型形势研判

国际政策与监管发展形势在数字市场监管、网络空间国际形势、数据要素流通标准体系、国际数字生态四大领域对我国能源电力企业产生影响。

一是数字市场监管日益强化要求能源电力行业加强数字化监管，做好合法数字化建设。数字经济在全球经济中权重不断提升，发挥着越来越重要的推动总体经济向好发展作用；但与此同时，科技企业超大型数字化平台在数字市场内的垄断隐患、数字市场商业竞争加剧的知识产权侵害等不良行为危害着数字市场的正常运行。因此，各国数字市场立法监管进程随之推进，在本年度如欧洲《数字市场法》的相关政策及法律法规不断健全，数字市场监管制度建设得以加强。为维护市场良性竞争秩序、保障消费者合法权益，作为支柱型行业，能源电力行业应承担率先加强数字化监管的责任，围绕不断强化的数字市场内超大型平台反垄断、数字版权保护的法律制度供给，做好能源电力行业内部及其辐射领域的合法数字化建设。

二是数字网络空间国际竞争加剧要求能源电力企业坚持数字化技术创新，巩固数字网络空间安全防线。国际形势的复杂性与不确定性投射到数字网络空间。反映着全球 48 个国家及地区互联网建设、数字化发展的《世界互联网发展报告 2022》蓝皮书中提到：各国为坚守其在数字网络空间中的地位及影响力，防止加剧国际竞争中的域外渗透、恶性控制，以更牢靠的数字基础设施、更多元的侵害数字安全行为打击手段保卫自身数字网络空间安全；各国以大型科技类公司为代表的非国家行为体通过数字网络空间参与全球治理、影响舆论环境，从而作用于国际格局。而作为非国家行为体中的重要组成部分，数字化转型中的能源电力企业需在相关政策的规范下，加强科学技术创新创造，发挥专业性、强影响力优势，巩固国际数字网络空间安全。

三是国家级数据流通标准体系建设要求能源电力行业发挥带头作用率先规范行业内部，采用通用一致化的数据格式。为维护数字主权，在公共数据开放领域实现增量到提质的转变，各国正大力推行国家技术标准，确立数据分级分类规定；如欧盟委员会采取建设通用数据字典等手段，参考普遍性术语及统一标准、格式、规则，提供通用、一致化的数据。在国家级数据战略实施进度纵深推进的同时，能源电力行业应为推动行业内部数据的共享、再利用，在加强行业数据流通标准体系上不断发力，进一步释放能源电力数据价值。

四是数字合作全球体制机制创新，要求能源电力行业探索多利益相关方合作共赢的实施路径，维护国际数字生态。加速不断创造新经济增长点的数字经济发展已成为全球共识。新冠疫情作用下，数字经济头部效应明显，各个国家及地区间的"数字鸿沟"持续加大。2022年世界互联网大会乌镇峰会中，中国提出加快构建网络空间命运共同体的愿景；2023年联合国发布秘书长关于《全球数字契约》的政策简报，提出将全球利益攸关方联结在一起，创设、维护数字公共基础设施、数字公共服务的全球经验库，实现创新驱动的安全、包容、开放、共享的协同发展。能源电力行业在经济社会生产经营活动中发挥基础性作用，托举社会各行各业实现高质量可持续发展，因此，能源电力行业在多利益相关方合作互动实施路径方面的探索对社会各界均有指导意义、参考价值，利于各个行业发挥优势、各司其职、各尽其能，从而促成协作共赢的良性循环，多元协同共治的国际数字生态体系不断完善。

此外，在蓬勃发展的全球数字经济背景下，伴随科技革命和产业变革，

"云大物移智链边"❶ 等新一代数字化技术飞速进步，为充分运用先进尖端的数字化技术，新型基础设施的建设起着关键性作用，各国均在加快其相关部署。能源电力行业应成为强化数字化技术配套新型基础设施建设的先行者，为全球数字化产业技术提供支撑。在此基础上，伴随着人工智能技术创新速度与日俱增、应用场景不断拓宽，能源电力行业应在相关政策引导下，注重用户端、消费侧，不断深化数字服务建设，肩负保障数字化产品服务质量的责任及义务，保护个人、企业、政府为主体的消费者群体。

1.2　国内政策下的数字化转型形势研判

结合本年度国内数字经济发展研究报告、"数据二十条"、数字中国建设整体布局规划、国家数据局组建等政策形势，研究团队认为应重点关注数字基础设施建设、数字经济与实体经济融合发展、数据基础制度构建、国家标准计划，从能源电力行业视角进一步分析国内政策下的数字化转型形势，研判政策动向及其对能源电力行业的影响。

一是数字经济与先进制造业、现代服务业深度融合要求能源电力行业加快数字化转型赋能实体经济。结合当前国内经济态势，中共中央政治局在已有的顶层设计深化数字经济与实体经济相互促进、融合发展的基础上，将实体经济细分为先进制造业、现代服务业两类重要抓手，为数字经济赋能指明方向。这一部署迫切需要能源电力行业加强政策指引、深化转型认知，进一步发挥产业链竞争新优势与号召力、建设现代化产业体系、提升数字产业竞争力、形成具有能源电力行业特色的新发展格局，着力于生产端，推进智能制造的进步，不断孵化数字化新产业、新业态、新模式，实现产业数字化、数字产业化协调可持续推进，带动多元市场主体发挥优势，从而促进实体经济高质量发展。

---

❶　云计算、大数据、物联网、移动互联网、人工智能、区块链、边缘计算。

二是数据基础制度的构建对能源电力行业完善数据治理生态体系提出更高要求。数据要素是数字经济的核心资源,"数据二十条"构建的数据基础制度为发挥数据要素的作用、充分激活数据要素价值指明了方向。政策及法律法规方面,数据流通全过程各环节制度成熟度参差不齐,在确权、登记、监管方面日趋完善,但数据定价、运营环节的规范略显薄弱,而这些环节是数据资产化、实现价值释放的重要部分,要求能源电力行业强化内部驱动、加强数据资产化为代表的数据治理体系。相关支撑技术方面,以区块链为代表的保障数据安全、高效流通的技术不断发展,在相关政策的引导下,能源电力行业应更加积极地发挥主观能动性,在数据生态体系的不同环节强化技术支撑,构建可信数据空间。数据流通市场方面,数据交易所的地域分布虽广,区域差异性强,国家统一数据流通机构尚未确立,数据资源配置、交易行为规制能力有限,能源电力行业应加快推进与外部数据资源主体的对接,增强行业数据市场与其他市场的交流互动,以发展更为成熟的实体行业市场为参考,构建更加完备的、主体多元化的市场生态。

三是数字化转型国家标准的确立为能源电力企业数字化转型、数字化供应链日趋成熟提供指导。国家标准化管理委员会于 2022 年底通过了五项数字化转型管理、数字化供应链相关的国家标准,《数字化转型管理 参考架构》和《数字化转型管理 能力体系建设指南》为全局性、系统性推进企业数字化转型提供基础性、通用性支撑,《数字化供应链 体系架构》《数字化供应链 成熟度模型》《数字化供应链 通用安全要求》点明了数字化供应链中的各主体职能,完善数字化供应链体系建设。2023 年,国家数据局的组建也展现出推进数字中国战略需进一步弥合数字鸿沟,制定国家统一标准。趋向标准统一化的能源电力行业发展要求能源电力企业以标准化支撑数字化转型,完善基于标准化的基础设施,通过数字化供应链提供标准化的技术、产品、服务,推动产业链供应链协调发展,在全行业可复用的统一标准规范确立中贡献力量。

四是国家数字经济顶层战略规划布局的不断完善要求能源电力行业进一步

强化数字化管理体系。2022 年底中央经济工作会议上强调"要大力发展数字经济",《政府工作报告》对数字经济的定义阐释日渐明晰、重视程度与日俱增,本年度国务院《数字中国建设整体布局规划》以及国家数据局的组建确立了中国式现代化数字化的整体框架,国家层面的数字经济统筹协调持续推进。为响应顶层战略规划,能源电力行业需继续巩固新型基础设施、数据资源体系,不断发挥主观能动性,创造利于经济、政治、文化、社会、生态文明建设的能源电力技术,培养具有能源电力行业特色的创新体系,与此同时构建牢靠的数字化安全屏障,认清国内数字化发展环境,吸取国外能源电力行业先进经验,发挥带头先行作用,打造具有借鉴意义的数字化管理体系,带动全行业的突破性数字化变革。

此外,在我国数字经济实现"量的合理增长、质的有效提升"背景下,能源电力行业也承担着越来越重要的引领数字经济不断发展的责任与使命:数字化治理常态化要求能源电力行业提高合规管理水平、承担能源安全义务,一边高速发展,一边高效治理。为进一步提升数字经济全要素生产率,能源电力行业需保障能源安全、低碳、可靠供应;除了在组织架构中进一步强化数字化管理,提升创新创造能力、强化数字技术创新体系同样重要。不仅要注重生产供给侧,对于能源电力行业而言,聚焦需求侧同样重要,线上线下联动、共享消费等能源电力消费新模式逐渐推广,日新月异的个性化、专业化需求层出不穷,要求能源电力企业做好新型数字化产品服务提供者,改善能源电力消费条件,创新能源电力消费场景,挖掘能源电力市场潜力。

1.3 能源电力企业数字化转型动因分析

在对国际、国内政策下的能源电力企业数字化转型形势进行研判的基础上可知,随着全球数字化建设持续推进,数字中国、新型能源体系、现代化产业体系等政策为能源电力企业数字化转型带来了发展新机遇,能否在日益复杂的环境与形势中把握机遇、扬长避短、实现发展，从而更好落实政治责任、经济责任和社会责任，也成为能源电力企业当前面临的挑战。当前，能源电力企业所面临的机遇与挑战主要来自数据要素利用、融合基础设施建设、数字产业拉动三方面。

一是数据基础制度更加具体，指明了能源电力企业在数据要素利用的发展方向和发展底线。当前，建立数据要素基础制度的速度不断加快，数据要素在经济发展中发挥越来越重要的作用，数据管理从重安全转向重发展。我国数字经济规模位居世界前列❶，但仍然存在数据权属不够明晰、数据交易市场规则缺乏等基础制度短板，已成为制约数据要素价值进一步发挥的主要瓶颈，而组建国家数据局的举措加快了构建数据基础制度的进程，为激活数据要素潜能提供良好完备的政策环境，相关制度更加具体，进一步明确了数据要素利用与发展的方向和底线，同时也为能源电力行业对数据要素的应用加以制约。因此，如何在具象化、场景化约束下实现能源电力数据资源化、资产化，充分释放数据要素价值，是能源电力企业面临的新挑战。

二是能源电力企业具有海量丰富的数字化转型应用场景，可依托优势资源推广企业级标准、规范等抽象基础设施，深度应用前沿技术支撑传统基础设施转型升级。2023年，财政部发布《企业数据资源相关会计处理暂行规定》，探索推进重点行业数据资产登记，数据资产入表作为数字经济发展的基础前提将加快落地实施。数据资产登记入表成为合理评估数据资产价值、参与数据要素市场的前提条件，要求能源电力企业在数据资产确认和定价等制度建设方面尽早规划布局，形成企业级的统一标准规范，为能源电力数据共享交易提供抽象基础设施支撑。此外，具象方面，物质基础设施数字化升级改造是推进数字经济发展的重要实际抓手，能源电力物质基础设施在经济社会各方面具有突出的广覆盖、强渗透特性，叠加便捷的供能优势，推动能源电力物质基础设施的绿

---

❶ 2022年我国数字经济规模已达50.2万亿元，位居全球第二。

色化数字化转型或成为融合基础设施建设的重点领域，率先进行建设试点。如何做好基础设施建设的先行者，使得基础设施发展紧跟顶层设计、技术开拓的步伐，是能源电力企业当前面临的挑战。

三是能源电力企业将迎来更加共享开放的公共市场，有望进一步带动数字化产业发展，但也将面临更加激烈紧迫的竞争和承担更重要的责任。当前，优化数字公共产品供给、改善公共数字化服务成为共享经济的发展需要。相比其他要素，数据带动力强，政策引导阻力小，汇集流通产生的价值呈现放大乘数效应。因此，为高效高质发展共享经济，数据统一大市场或成为全国统一大市场先行领域，进一步或将首先聚焦公共数据，与数字政府建设协同起来，建立国家数据资源调查制度，增强公共数据共享流通与开发利用的力度，以公共带动商业和民生，逐步加大战略数据资源储备。能源电力行业中央企业和国有企业作为推进公共市场共享开放工作的重要抓手，叠加能源电力数据具有显著的支撑经济社会发展的公共属性，或将面临能源电力数据被划分为公共数据，要求在一定范围或场景共享开放的紧迫甚至强制要求。因此，能源电力企业需积极应对制定适应开放共享公共市场的策略，为其他领域数字产业提供示范，实现共同发展。

1.4　能源电力企业数字化转型年度思考

电力行业是推动国民经济发展的重要引擎，电力数据也具有全面支持、广泛应用的重要地位，是推动能源数据要素资产化的重要抓手。但是，能源电力企业对电力数据要素价值挖掘正面临着动力不清、安全风险、场景模糊等方面的障碍。研究团队综合研判能源电力数据要素发展现状，对能源电力企业数字化转型做出思考与研判，以期通过思维转变、机制完善、技术支撑、场景应用进一步打通数据要素价值发挥的底层逻辑，推动能源电力企业数字化转型进程。

一是能源数据要素在全行业数据要素中具有全面支撑、广泛连接的重要基座地位，电力数据要素是推进能源数据要素化资产化的重要突破口与切入点。相比于其他生产要素，数据要素在行业间的异质性更为突出，国家层面较难通过统一标准齐头并进地推进数据要素市场建设，能源行业数据需要立足高度耦合"能源"与"数据"两大国计民生基础性战略资源的重要地位与独特属性，联合产业链供应链系统谋划能源数据要素化资产化的建设规范与实施路径。电力作为连接能源产、供、储、销的枢纽环节，叠加电网的广覆盖、超连接先天优势，电网企业有能力也理应承担起通过探索电力数据要素化资产化路径先行先试，推动能源数据要素市场建设，赋能全行业数据关联流通、融合碰撞的职责担当。

二是能源电力企业激发数据要素价值面临动力不清、安全风险、场景模糊三方面障碍。能源电力企业是支撑国家经济社会发展的重要支柱，大多为国有企业，需要聚焦主责主业，牢固扎实国计民生的基本根基，一方面不需要数据业务的经济效益，另一方面还面临安全风险，因此，除了从外部政策要求层面推动参与数据要素发展，更应该从内部驱动方面明晰能源电力企业参与的激励机制。此外，能源电力企业的部分数据或将面临归属于公共数据，以分类分级形式开放发展。以国家电网为代表的能源电力类国有企业，其数据兼具商业与公共属性，与公共/企业/个人数据都有交叉，因此，在什么场景下、以什么方式开放哪些范围数据，成为亟须解决的问题。同时，还要注意数据泄漏、国有资产流失的安全合规风险。

三是数字思维将重塑能源电力资源要素的配置方式，但是过度数字化会模糊能源系统的安全边界，难以防御网络攻击，招致不确定性。数字思维可畅通能源电力产业链因时空分布不平衡引发的资源要素梗阻，为电网安全韧性提供更开放、灵活的边界。数字思维异化会引发设备叠加与招致不确定性。数字经济的发展过程，面临投入和运维成本增加、系统安全隐患增多等新挑战，使能源系统安全隐患进一步增加，需客观判断可数字化替代的关键场景，综合区分人工与自动化的业务边界。

四是能源电力数据要素市场机制将进一步完善，以引导市场形态、产品模式、参与方式与交易规模的规范发展。市场形态方面，未来数据要素市场将具有多层次、多维度特点，一方面覆盖"国家－地方－行业"三级层次，另一方面形成数据登记和确权、资产化流转和资本化流转三级市场。产品模式方面，未来数据市场流通将面向"数据元件"等中间态，出于安全考虑，数据资产化前将进行脱敏脱密，形成数据产品或服务以可用不可见的方式开放交易。参与方式方面，数据服务商与第三方数据中介存在发展空间，国有能源电力企业会根据数据敏感性与安全性等因素，以白名单等方式储备有能力、可合作的服务商与中介。交易规模方面，引导各方场内交易有利于数据价格发现，数据价值评估需要按照"成本－价值－价格"链路形成。但目前缺乏统一、成熟的市场去发现价格。未来需要大力引导数据在场内进行共享、开放、交易，其一是规范操作，其二是中介信息共享，其三是价值最大化。

五是能源电力数据要素市场培育需要与技术支撑、生态共创、宣传发声等紧密结合。应通过强有力的技术手段解决可信问题，确保各参与方建立互信基础、畅通交易通道，以可信数据空间打造重要技术底座。要与债券市场、股票市场、证券市场结合，真正发挥并彰显数据作为资产，甚至资本的价值，以多元主体生态共创激发更大范围的数据要素的资产价值。对外以积极开放的心态和导向提出具体措施有利于吸引更多主体参与共建，对内建立宽容的容错机制将能够减轻企业发展包袱，轻装上阵，促进探索创新，以"对外发声、对内容错"营造包容健康的发展环境。

六是数字化的共享协同将有望助力配电网实现规模化分布式能源的灵活接入，但要平衡供给结构的灵活性与充裕性。电网形态将呈现大电网与微电网并存的新格局；系统整体的运行机理和平衡模式将发生深刻变化，尖峰时刻的社会资源参与系统平衡、储能的规模化利用都需要数字化助力实现。针对当前配电网发展难以匹配分布式能源的"灵活"接入问题，必须要引入新的发展思路破局。集群化运行模式可助力构建配电网自动化系统信息共享机制，推动分布式能源可感可控，实现对全地区配电网设备的"可观可测""可调可控"。

七是能源电力数字化转型机制将进一步统筹数字基础设施建设发展与数据中心能耗管控，依托"西电东送"和"东数西算"实现电算力的协同发展。电力与算力的融合不仅有着共同的资源供需"逆向分布"特点，在终端需求满足上也有可预期的"两种资源""两种服务"的叠加形态，这为电算力的一体化服务创造了新空间，也将为电算力混合调度、电算力交汇供给等生产消费模式提供实践空间。数据中心规模以年均30%的增速发展，其耗电量增速也超过了10%，但数据中心分布"东热西冷"，要完善算力网中数据统筹机制，加速电力服务与算力服务融合，为实现"电力＋算力"资源复用与时空优化提供有利条件。

1.5 小　　结

能源电力企业数字化转型需在更加明确、清晰的国家规划、标准、范式下稳步推进，也要注重自身规范的确立与推广。本年度数字经济顶层设计建设向着更加具象化、场景化的方向稳步推进，数字经济政策部署在中国式现代化发展下展现出越来越强劲的驱动作用。"数据二十条"、《数字中国建设整体布局规划》、国家数据局的组建、数字经济赋能实体经济重点的提出等国家规划、标准、范式对能源电力企业数字化转型提出更加专门化、有倾向性的要求，为能源电力行业数字化发展指明了方向。能源电力企业作为国家支柱型企业，应在实践中总结经验，确立能源电力行业级规范，自下而上驱动国家新规划、标准、范式的更新。

能源电力企业数字化转型需保障能源电力安全稳定、清洁低碳供应，以创新创造活力为发展驱动力，带动其他数字化产业发展为责任。我国高度重视数字产业创新发展，数字产业化及产业数字化进程持续推进，能源电力行业作为关键领域，应不断提高自身创新创造能力，着力于研发阶段的攻坚克难，吸取全球先进技术经验，同时建立自立自强的创新创造体系，促进硬科技与实体经济的深度融合[1-2]。此外，能源电力企业在保障能源电力资源的供应安全、低碳、可靠基础上，应积极发挥标杆作用，带动其他传统产业实现提质、降本、增效、绿色、安全发展，更好赋能经济社会发展。

能源电力企业数字化转型需要打通数据壁垒，优化新型基础设施建设，构建更加开放共享的数据统一大市场建设。数字化转型要加强关键核心数字技术攻关，确保技术创新与成果转化，支撑新型电力系统和能源体系建设，适度超前建设新型基础设施，提供支撑经济转型、智能升级融合创新的基础设施体系，打造能源电力数字产业集群，引导优质要素资源向优势集群高效聚集，提升产业集群在数字技术、数据、场景和解决方案等方面的发展能力，并构建科技研发、金融服务高度融合的集群发展生态。

（本章撰写人：贾雪枫　审核人：刘键烨）

2

能源电力企业数字化转型综合进展分析

2.1 能源电力企业数字化转型分析思路

当前能源电力企业数字化转型的外部形势已经发生深刻变化，各界对数字化发展的趋势规律的认知也在不断明晰。研究团队在往年能源电力企业数字化转型研究架构的基础上，围绕"外部形势－年度趋势－显露问题－应对策略"一条主线，总览本年度能源电力企业数字化转型的总体情况。进一步聚焦数字化赋能生产运营典型场景和转型成熟度，以定性案例和定量计量两个角度对典型行业、典型企业的转型经验和成效进行深入分析，以全方位、多角度对能源电力企业数字化转型进展进行年度剖析解读。据此，研究团队梳理能源电力企业数字化转型分析的主线思路，如图 2-1 所示。

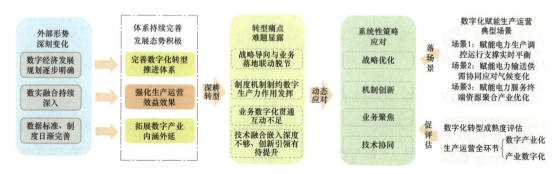

图 2-1　能源电力企业数字化转型分析的主线思路

2.2 能源电力企业数字化转型进展成效

能源电力企业积极开展数字化转型工作，组织实施数字化转型行动计划，转型推进体系基本形成，生产经营提档加速，新兴数字产业加快发展，整体进展良好。同时，能源电力企业在推进体系、生产经营和产业发展等方面提出相关的政策支持、推进手段、技术创新等各项措施，助力数字化转型稳步前进。

2.2.1 转型推进体系基本形成

能源电力企业坚持构建以战略引领、统筹推动、典型带动和协同推进为整体的数字化转型推进体系，推动数字化转型走深走实。

（一）转型战略牵引力不断增强

能源电力企业持续加强数字化转型顶层战略设计，明确数字化转型总体思路、重点任务与进度安排，确保提高转型战略牵引力，保障转型工作顺利实施。国家电网和国家能源集团等9家能源电力企业在集团总部层面发布了61项数字化转型文件政策，召开了68次专题部署与推进会，不断提升智能生产、智慧管理、智慧运营水平，促进全要素效能提升、全链条价值重塑、全产业提质增效。**国家能源集团**深入实施数字化转型行动计划，系统性建设了数字化转型的战略引领体系，坚持以规划为引领，推进集团发展向"能源＋智慧"新动能转换，形成了数字与业务深度融合、有机协同、持续创新的产业发展新形态的核心思想。

（二）转型统筹推动力持续强化

能源电力企业明确集团总部数字化转型牵头部门，加强统筹协调，加大资源配置，强化过程管控，督促数字化转型具体任务实施。国资委统计的16家能源电力类中央企业，全部为"一把手"挂帅的数字化转型机构，其中15家成立了专门的数字化转型牵头部门，加强统筹协调，加大资源配置，强化过程管控，督促数字化转型具体任务实施。**三峡集团**定期组织召开集团网信办会议，进行沟通协调，确保数字化工作稳步推进，组织开展数字化转型诊断工作，覆盖集团总部及17家下属单位，涵盖集团八大业务领域，全面梳理薄弱环节，明确提升方向。

（三）转型典型带动作用逐步显现

能源电力企业积极探索数字化转型路径，选树典型企业、建设数字创新场景、加强经验推广，形成具有示范引领效应的行业转型路径。国家电网、中国电建、中核集团等公司均选树典型数字化转型"样板间",培育了众多数字创新场景,打造了能源电力行业转型的"示范田"。**国家电网**积极开展数字化典型示范工作,从基层最普遍、最头疼的问题入手,因地制宜、分层分级完成4000余项典型示范任务,形成多层次、可推广的样板。**中国大唐**全面总结智慧电厂的典型工作经验,梳理形成煤电 31 个、气电 17 个、水电 19 个、风电 29 个、光伏 13 个典型功能场景,以此为基础,形成智慧电厂建设顶层设计框架体系,创新性制定了智慧电厂的量化评价标准,为兄弟单位累积实践经验,加快带动数智化转型进程。

(四)转型协同推动能力持续提升

能源电力企业充分发挥产业链链长作用,积极推动数字化与能源创新链、产业链、资金链、人才链深度融合,促进产业链、供应链融通发展,着力提升产业链供应链韧性,增强产业引领能力。**中国华能**整合供应链资源,建设智慧供应链集成服务平台,为遍布全国的 6000 余家上下游企业提供集成服务,促进行业整体供应链效益提升约 10%。**南方电网供应链集团**以智慧化、产业化的现代数字供应链体系为目标,选树 5 个试点建设场景,形成 5 大行动、20 项重点任务,构建了供应链数字生态圈,促进了价值共创,带动产业链上下游企业加速数字化转型发展。

2.2.2 电力生产经营提档加速

能源电力企业聚焦业务本质,推动数字技术与研发设计、生产运营、经营管理、用户服务等深度融合,发挥数字技术驱动牵引作用,全面推进生产经营数字化升级,提高运营效率和发展质量。

(一)研发设计数字化提升自主创新效率

能源电力企业综合运用大数据、人工智能、虚拟仿真等数字技术工具,解决传统研发方向多、过程长、验证难等问题,降低研发设计成本,缩短研发周期,提升研发设计效率和质量。据统计,能源电力企业所属研发设计企业的数字化研发设计平台覆盖率❶达到 81.1%，超中央企业平均水平 11.3%。**东方电气集团**持续提升产品设计、工艺、制造一体化能力，打造产品三维研发设计数字化平台，集成三维建模、物理仿真、虚拟测试、公差分析、仿真验证等技术，广泛开展基于数字样机的产品设计、工艺的优化和验证。**中国大唐**以物联网、大数据和人工智能等新科技全面赋能集团管控、生产运营，建成的具有国际先进水平的电力数据监测诊断中心，经鉴定达到国际先进水平，被国资委列入数字化转型典型案例研究。

（二）生产运营智能化提升全要素生产率

能源电力企业积极推进 5G、工业互联网、人工智能等数字技术与生产制造深度融合，助力制造业高端化、智能化、绿色化发展，促进全要素生产率和本质安全水平提升。据统计，能源电力央企生产设备设施数字化率❷达到近 40%。**中国华能**以华能商城作为集中物资供应服务核心系统，研发了一套标准化电商化选购功能，覆盖了通用物资，以及光伏组件、逆变器等 14 种特殊品类物资，可有效适配多种需求汇总、自主下单和调价规则，形成完备的框架协议功能支撑体系，商城累计下单用户 628 家，集团各级用户单位覆盖率达 92%。**东方电气集团**建成国内首条叶片加工黑灯产线，实现智能物流配送机器人协同、自适应加工、在线检测，设备利用率达 90%，能源利用率提升 47%，质量合格率达 99%，人均效率提升 6.5 倍。

（三）经营管理一体化提升规模运营能力

能源电力企业将数字技术融入企业经营管理全过程，推进主要业务流程贯通、集成应用和数据决策，提升企业运营管控力、高效协同力和风险防控力。据统计，近三分之二的能源电力企业能够实现经营管理数字化全面覆盖，部分

---

❶ 数字化研发设计平台覆盖率：应用数字化研发设计平台的所属研发设计企业数量/研发设计企业总数。

❷ 生产设备设施数字化率：所属工业企业已实现数据自动采集的重点设备设施数量/所属工业企业重点设备设施总数量。

企业已经实现集团一体化管理。**国家能源集团**聚焦机构融合、业务重整、流程再造等重点难点，以一体化智慧管理平台为纽带，打通煤炭、火电、新能源等全领域业务流程，实时管理 4 万组织机构、近 30 万员工、40 万合作商。**南方电网**应用自主超大型数字化系统"电网管理平台"，全面集成规划、计划、项目、资产、人资、财务管理等，着力破解业务数据孤岛、业财协同等难题，支撑 21 万个项目流转，确保 1300 万设备账卡同源，有效提升业务协同能力。

（四）用户服务敏捷化提升个性化服务效率

能源电力企业加快构建用户服务敏捷响应体系，利用数字技术促进用户服务在线化、专业化、智能化，提高服务质量，改善用户体验，创新商业模式，提升企业发展效能。**中国大唐**打造数字驱动、智慧化的规划、建设、生产和营销体系，满足各类电源规模化、集约化、专业化开发需求，满足传统能源与新能源多能互补、集成优化运营要求，满足客户个性化智能化的综合能源服务需求。**浙能集团**完成客服管理系统建设，实现集团 13 700 多家工商客户和 120 多万家个人客户的统一管理。

（五）产业协同生态化提升产业链供应链韧性

能源电力企业应用数字技术推动供应链、产业链上下游企业透明协作，促进流程对接、数据贯通、资源共享，提升效率，增强信任，拓展合作，不断提升产业链供应链韧性和安全水平。**中国华能**应用区块链技术打造"华能智链"服务平台，为上下游企业提供交易、物流、金融、数据等服务，目前供应链生态收入总计超 1000 亿元，促进行业整体供应链效率提升超 10%。**中国能建**打造供应链管理一体化平台，完成云商子系统、客商基本信息管理子系统和商旅平台上线，推动供应链、产业链上下游企业间数据贯通、资源共享和业务协同，提升产业链优化配置和动态协调水平。

2.2.3　数字产业发展稳步推进

能源电力企业攻关一批关键核心技术，加快新型数字基础设施建设，布局一批数字科技企业，促进数字产业不断发展壮大。

（一）关键核心技术自主可控水平持续提升

能源电力企业聚焦核心电子元器件、高端芯片、基础软件、智能传感器和仪器仪表等，加大研发投入力度，加快突破关键核心技术，着力提高产业链供应链自主可控水平，助力实现高水平自立自强。据统计，能源电力央企关键工序数控化率❶达93.1%，超过中央企业平均水平20.5%。**中国能建**自主开发建设的变电数字化设计平台，覆盖所有变电工程业务，能够实现全专业协同设计和数据贯通的正向设计以及项目全生命周期数字化服务，成为具有自主知识产权、完全可控的行业内标杆平台。**国家能源集团**研发具有完全自主知识产权的国内首台600MW国产化DCS（Distributed Control System，分散控制系统）产品，获得中国电力科学技术进步奖一等奖。

（二）数字基础设施建设实现跨越式发展

能源电力企业加快推进数字新型基础设施建设以及资源的共建共享、互联互通，不断提高资源供给能力和使用效率，打造转型发展新基石，打通经济社会发展的信息"大动脉"，促进我国数字新型基础设施实现跨越式发展。电力电网企业工业互联网平台覆盖率达92.7%，在中央企业各行业中处于首位。**中国电建**、**中国能建**2家电建企业开展"电建云"生态体系、"电建通"即时通信，以及"一张网""一朵云""一片湖"特色实践。**南方电网**研发"南网智瞰"工业互联网平台，实现电网实时状态感知、智能运行控制，接入电网设备超1.2亿台、自动驾驶航线超25万km、年存储数据达570亿条。**国家电网**打造"能源碳链"公共服务平台，在全国20余省市开展规模应用，为6000余家市场主体提供区块链绿电消费凭证、电子合同等多种服务。

（三）数字科技企业实力持续增强

能源电力企业积极布局数字产业，提升数字化转型服务能力，打造数字经

---

❶ 关键工序数控化率：所属工业企业数控化覆盖的关键工序数量/所属工业企业关键工序总数。

济发展新引擎，为国家创新发展提供动力，国际竞争优势不断增强。据统计，能源电力央企成立数字科技公司 116 家，占中央企业数字科技公司总数的近20％。**南方电网**下属 10 家数字科技公司员工总数超 3000 人，2022 年度营业总收入超 66 亿元，其中南网数研院 2022 年资产总额突破 90 亿元，三年累计增长457％，营收、利润完成三年翻四番的跨越发展。**大唐集团**下属湖南大唐先一科技获评国家级专精特新"小巨人"企业，自主研发的智慧新能源远程集中控制系统，通过在市区设置集控中心，形成无人值班、少人值守、区域管理的新能源生产管理新模式，降低成本 50％以上。

2.3 能源电力企业数字化转型问题分析及策略建议

2.3.1 能源电力企业数字化转型问题分析

当前围绕数字技术、标准、规则、数据等，国际竞争日趋激烈，数字化发展成为决定国家未来发展潜力和国际竞争力的重要领域。在此发展格局下，能源电力企业数字化转型作为一项覆盖广、跨度大的复杂系统工程，需要时刻保持对转型艰巨性、长期性和系统性认识。尽管大部分能源电力企业在推进体系、生产经营和数字产业等方面已经取得了积极进展，但也反映出在能源电力企业企业级统筹、数字技术布局以及经营管理逻辑等方面仍存在问题。

本报告研究团队联合中电联开展电力企业数字化转型专题调研，梳理国家电网、南方电网、内蒙古电力、三峡集团及部分下属单位等近 20 家不同领域、不同层级的能源电力企业转型痛点，形成近百项转型问题清单，从中筛选凝炼出战略、机制、业务和技术四个方面八个关键问题。

（一）战略导向与业务落地联动脱节

问题 1：数字化转型尚未实现对战略发展方向的全面联动和企业内业务架

构的合理优化。当前，数字化转型更大程度上注重实现数据的贯通、降低系统重复建设，但从企业高质量发展要求下业务架构与数字化发展相互促进的发展规律看，优化企业架构蓝图成为实现数字化转型的关键载体，也是推动数字化落地的桥梁和纽带。因此，能源电力企业在业务与数据的充分融合上仍需持续深化，特别是需要推动业务架构优化和业务流程再造。相关企业反映的问题清单见表2-1。

表2-1　　　　　　　　　　　　问 题 1 清 单

企业名称	问 题 描 述
企业 A	**集团业务数字化管控能力需要加强。**亟须建立集团规范统一、协同高效、开放共享的生产经营管理平台，建立起集团管理中枢
企业 B	**由上至下的数字化发展格局尚未建立。**集团层面一体化布局、体系化设计、平台化推广、企业级应用的整体驱动不足，头部企业示范引领、中部企业迭代提升、尾部企业推广应用的格局尚未形成
企业 C	**智慧化管理模式尚未形成。**可通过现代数字化手段，使以流程流转和信息采集为主的传统方式向业务数据化、数据业务化等为主要方向的智慧企业管理模式转变，进一步促进提质增效与高质量发展
企业 D	**目前部分业务缺乏应用系统支撑。**主要通过线下台账来进行管理，如投资规划、征地移民、基建物资供应链全流程管理、科技研发专利管理等

（二）制度机制制约数字生产力作用发挥

问题2：数字化驱动下的企业资源配置方式仍需持续优化。数字化更加注重多元主体的协作和全局的利益最大化，以及在特定场景中特定目标需求的满足，使得各部门、各市场参与主体在数字化驱动的运营模式下需要更加匹配的统筹型资源配置方式。相关企业反映的问题清单见表2-2。

表2-2　　　　　　　　　　　　问 题 2 清 单

企业名称	问 题 描 述
企业 E	**数字化专业机构亟须做强做大。**数字化平台集中部署和统一运维服务，对集团内部数字化专业公司提出了自主研发和自主运维能力要求，需进一步加强数字化专业队伍资源整合和能力建设

企业名称	问题描述
企业 F	**标准化程度不足**。核电行业具有技术难度大、生命周期长、系统装备复杂、安全性要求高、上下游接口多的特点,数字化智能化落地需要业务制度化、制度流程化、流程标准化为前提,包括指标体系和数据的标准化
企业 G	**数字化基础能力不足**。需加强通信网络建设,满足网络带宽需求;需加强"多站合一"等分布式边缘数据中心建设,提升边缘算力,缓解局部数据中心大数据处理压力,实现资源高效复用;机房、服务器、存储等基础设施存在扩容瓶颈

问题3:数字化文化尚未有效激发企业创新的内生动力。在一些企业中,数字化转型往往只停留在技术层面,如引进先进的数字化设备和系统,而未能真正实现数字化思维的转型和数字化能力的提升。这样的企业往往陷入了"数字化陷阱",只是简单地用数字化技术替代了传统业务流程,而没有从根本上改变企业的运营方式和思维模式。在进一步推动企业高质量发展的过程中,数字化发展对科技创新能力和成果转化能力提出了更高要求,数字化对组织的重塑与文化氛围营造需要进一步凸显。相关企业反映的问题清单见表2-3。

表2-3 问题 3 清单

企业名称	问题描述
企业 B	**数字技术研发创新能力不足**。数字技术基础研发能力总体不强,合力不够。数字化产品较多存在应用不佳、体验不好、创造价值不高等问题,系统低水平重复建设的现象仍然存在
企业 G	**联合共创生态尚需完善**。数字化项目和科技项目经费投入有待进一步提升,项目策划申报机制尚需完善,数字化创新工作走出去的力度仍需加大,与知名高校、科研院所、企业等优质创新资源融合的深度不够
企业 G	**数字化转型氛围有待提升**。业务部门对数字化转型和数字电网建设促进公司管理和业务变革的认识还不够充分,存在惯性思维和路径依赖,缺乏准确识变、科学应变、主动求变的数字化意识
企业 H	**创新驱动力不足**。需要通过科技创新体制、机制的不断完善来推进产学研用深度融合,人才培养,打造先进技术策源地,将科技成果在产业链和行业进行推广转化

（三）业务数字化贯通互动不足

问题 4：数字化转型与业务结合度不高，数据要素和数字技术尚未有效融入电网运营和企业经营各环节。随着新能源占比不断提高，新型能源系统受到发电量变化、不确定性负载、新能源间歇性和波动性等因素影响。面对电网的不稳定性和供电的波动性，需要采取一系列的数字技术和电网业务深度融合，构建数字空间电网，实现数字电网的数字化、透明化、智能化。相关企业反映的问题清单见表 2-4。

表 2-4 问题 4 清单

企业名称	问题描述
企业 I	**业务需求分析和需求变更的管控力度还需要进一步加大**。"数据驱动"促业务变更尚未展现明显成效，共享服务设计方法、开发及调用规范、运营机制尚未得到全面推广，基础设施的建设尚需针对用户体验进一步优化
企业 J	**数字化赋能基层业务有待强化**。基层单位数字化应用成效不断显现，但在需求响应、数据获取、能力共享等方面仍待加强，亟须面向一线员工业务需求，解决数字化应用痛点、难点和堵点问题，让数据、技术等真正"下基层"，让员工用得上、用得好数字化创新成果
企业 K	**数字化转型驱动力不足**。需要不断发挥"业务+技术"双轮驱动作用，进一步加强数字技术与业务系统深度融合
企业 L	**新业务领域数字化覆盖度不高**。针对风电、光伏、抽水蓄能等新能源业务的高速发展态势，公司级大数据平台、工业互联网平台还尚未实现向这些业务的延伸和覆盖
企业 M	**数字化底座有待进一步完善**。已经完成建设的数字化底座实现了大数据和云平台的基础功能，但是更多需要对数据库、算法、数据服务等功能进行优化和完善，需要与业务部门沟通，按照业务应用要求进一步完善数字化底座的建设

问题 5：数智化联动尚未有效构建，各专业部门及业务环节间缺乏有效的数据连接和响应。当前，仍有不少企业片面地将数字化转型视同于信息化建设，单一由信息化部门主导推进，资源共建共享、跨部门协同存在明显短板弱项，难以实现数字技术与生产经营的深度融合。对于转型成熟度较高的电力企业，尽管在源网荷储各业务环节已进行了业务衔接紧密，但企业内各业务部门

对于各个环节的重要性认定仍有差异，且数据流与业务流的衔接在协调资源调度、协同应急处理等方面仍存在障碍，导致业务联动与利益分配缺乏共识。相关企业反映的问题清单见表2-5。

表2-5　　　　　　　　　　　问 题 5 清 单

企业名称	问 题 描 述
企业 J	**企业级建设有待完善**。数字化建设"各自为政"现象仍然存在，各专业部门有一套本专业的数字化系统，导致公司范围内系统类型复杂、功能重复、数据标准不一、共享困难，难以开展平台整合工作，迫切需要从根本上推动建设模式从"部门级"向"企业级"转变，牢固树立共建共享理念，推进互联互通、信息共享和业务协同
企业 E	**数字化专业机构亟须做强做大**。数字化平台集中部署和统一运维服务，对集团内部数字化专业公司提出了自主研发和自主运维能力要求，需进一步加强数字化专业队伍资源整合和能力建设
企业 B	**数字化管理变革和统筹推进的力度不够**。总部及各单位企业管理和业务管理的标准各异、覆盖不足、信息孤岛普遍存在；未贯通"规划—设计—建造—运营"的"投建营"一体化数字建造体系，横向未能融合集成实现产业链打通，数字化价值链尚未从局部延伸到整体
企业 G	**各专业部门项目设计协同不足**。基建、技改、科技、数字化各类项目不够协同，存在架构隐患；数字化工程需求变更随意，过程管控容易走样，项目需求管控机制需进一步优化

（四）技术融合嵌入深度不够、创新引领有待提升

问题6：数字化转型对平台的连接能力和明细数据的采集感知能力提出更高要求。在能源电力企业数字化转型过程中，为了对各种数据进行全面的采集、存储、分析和利用，需要平台具备强大的数据采集和感知能力，能够实时、准确地获取和传输数据。为了对大规模的数据进行高效的处理和分析，从中提取有价值的信息，需要平台具备强大的数据处理和分析能力，能够快速地处理和分析数据，并提供准确的结果和建议。为了实现对业务流程进行数字化改造和优化，需要平台具备强大的耦合能力，能够将不同的业务流程进行集成和整合，实现信息的共享和协同。因此，能源电力企业在数字化发展过程中需要更大规模的明细数据支持其智能化运营和精益化管理，这对企业级的数据感知、采集、存储、融合，以及多元化平台的连接、互动和耦合提出了更高的要求。相关企业反映的问题清单见表2-6。

表2-6 问题 6 清单

企业名称	问 题 描 述
企业 I	**全环节数据管理能力有待强化**。已构建云数一体化的数据中心，但在数据运营机制上还需进一步完善，才能加大数据释放价值倍增效益
企业 K	**数据管理应用服务水平不足**。需要充分挖掘各专业数据价值和应用场景，进一步加强各专业数据治理工作
企业 J	**海量资源感知调控能力亟待提升**。需要加强电网自动感知和量测数据统筹采集利用，深化企业级实时量测中心，推动电网控制从单向向双向互动、从刚性向柔性、从整体向区域协控转变
企业 J	**基础设施数字化水平不足**。当前物联感知的广度、深度、频度和信息通信网络的泛在接入能力，尚无法满足新型电力系统建设需求。云平台覆盖范围仍显不足，多云纳管、资源弹性伸缩能力、建运一体、边缘计算等能力仍需进一步提升
企业 A	**数字化技术平台应用统筹能力不足**。下属各企业分别在人工智能、机器人、虚拟计算、工业互联技术有一些探索应用，但建设模式不一，存在技术壁垒，未统筹考虑资源利用率，对资源共享服务缺少统一支撑，尤其是与集团层面技术对接的人工智能、云计算、工业互联网方面关注不够

问题7：通用型的人工智能等数字技术越来越难以满足能源电力发展需求。 当前，能源电力企业数字化产品较多存在应用不佳、体验不好、创造价值不高等问题，关键技术研发布局仍存在瓶颈。随着数字化转型进程加快，能源电力企业对绿色安全、泛在互联、高效互动、智能开放的需求不断升级，人工智能等技术规模化应用的需求持续提升，数字技术的应用需求正在由通用性向专业性转变，从数据特征学习、模型构建到工具研发的专业化程度不断增加。对于部分能源电力企业，当前数字技术基础研发能力总体不强，合力不够，存在大数据分析、人工智能、区块链等数字化技术研发未紧密结合行业应用场景的现象，技术推广前缺少各类场景调研与论证，导致应用效果不理想。相关企业反

映的问题清单见表2-7。

表2-7   问 题 7 清 单

企业名称	问 题 描 述
企业J	**关键技术创新有待加强。**能源互联网具有绿色安全、泛在互联、高效互动、智能开放等特征,需要综合应用能源、信息和控制技术。在高端智能芯片、人工智能深度学习、北斗与地理信息、电力核心元器件等技术领域自主创新能力有待加强,新技术规模化应用和产业升级发展存在瓶颈
企业I	**数字化智能化步伐仍需加快。**人工智能、区块链等技术应用仍处于初试阶段,大多只在"点"上燃起星星之火,"燎原"之势尚未形成,应用智能化水平仍有提升空间
企业N	**系统兼容性问题普遍存在。**很多重要系统目前还没有成熟的可替换产品或方案,安可替换工作可能会对生产经营管理造成很大不便,尤其是工业控制系统,需要从产业侧加速推进安可产品的研发
企业G	**人工智能应用水平不足。**人工智能数据标注效率有待提升,样本数据尚未实现高效共享和高效利用;人工智能组件规范化、标准化程度不够,尚未实现大规模生产落地;算法准确率不足,人工智能核心技术研发能力有待进一步提升

问题8:信息与电网的双重要求对安全防御能力提出更高挑战。当前,我国境内重要基础设施遭受国际顶尖水平黑客组织攻击持续增加,大型企业单位勒索病毒、敏感信息泄密等网络安全事件层出不穷。随着能源电力企业数字化转型持续深入推进,数字技术架构日趋复杂化,业务数字化的深度和广度进一步提升,信息系统稳定安全运行风险更加集中。这意味着数字化的网络安全,要求信息安全、电网安全更加协同,任意一方的薄弱环节面临威胁可能导致更加严重的连锁反应,甚至威胁到国家安全。相关企业反映的问题清单见表2-8。

表2-8   问 题 8 清 单

企业名称	问 题 描 述
企业I	**安全运行能力无法充分满足新形势安全保障需要。**网络安全综合保护体系以及信息系统运行体系初步建成,安全运行调度枢纽作用仍未充分发挥,安全运行维护能力及规范化水平仍存在不足,安全运行能力仍需进一步提升

续表

企业名称	问 题 描 述
企业 O	**新能源网络安全防护面临较大压力。**近几年新能源项目快速发展，风电、光伏具有的"小散远"特点，加上网络安全攻击态势越发复杂的严峻形势，加大了网络安全的风险，对安全防护提出新的挑战
企业 K	**网络安全主动防御能力存在不足。**需要建立攻防相适的网络安全防护系统，进一步提高安全防护能力
企业 E	**网络安全管理体系需完善，国密加密等手段需加强。**已有的网络安全管理规定无法满足现有规模需求，需要根据国家网络安全相关法律法规和集团管理规定，逐步完善网络安全管理体系

2.3.2 能源电力企业数字化转型策略建议

能源电力企业数字化转型作为一项覆盖广、跨度大、持续久的复杂系统工程，需要以体系化认知理解当前阶段转型关键问题，并以系统性策略建议应对。针对上述梳理总结的战略、机制、业务、技术四方面八个关键问题，针对性地提出战略优化、机制创新、业务聚焦、技术协同的应对策略。

（一）战略优化——增强权威性并动态跟踪优化

建议能源电力企业统筹数字化转型的基本路线，强化对数字化转型规划、顶层设计的权威性，保持动态跟踪优化，增强对现实难点问题的解释力与有效破解能力。**一是**加强数字化转型发展战略与规划计划的协同，提升战略引领能力，针对转型战略落地的阶段性、全局性部署，动态更新相关内容。**二是**持续跟踪能源电力发展战略环境，整合内外部智库资源，提升数字化精准研判形势、参谋决策、动态预警能力。

（二）机制创新——支撑数字文化培育

建议能源电力企业把机制建设作为数字化提升工作的关键一环，全面学习借鉴先进企业优秀经验，深入调研跟踪管理前端、服务前端与基层一线的需求，建立完善一批好用、管用的制度安排。**一是**赋能基层，将对员工素养和技能的提升作为重要对标项，制定针对性强、需求导向的人员技能培训方案，形成人机友好互动、协同发展的转型新动力；**二是**提出一批能够培育数字文化、数字创新氛围的制度举措，例如借鉴地方政府经验选拔首席数据官、借鉴科技管理经验推动揭榜挂帅的项目制柔性团队、借鉴国企改革制度提出股权分红的产业孵化机制等，激励数字化专业人才和业务领域人才交叉融合；**三是**超前设计一批面向世界一流企业定位的前沿性制度规范，例如数据流通与公共数据管理机制、能源电力数据要素产品流通交易机制、人工智能道德委员会建设等。

（三）业务聚焦——以试点示范引领全量业务互动

建议能源电力企业依托国内国际超大规模的数据资源、客户资源、应用场景资源，在地市级、乡镇级选拔、培育一批符合现代企业治理要求的数字化转型最优模式。**一是**培育一批数字化转型的典型试点示范，聚焦业务痛点难点问题，提出数字化解决方案、产品培育方法，建立试点工作联系、信息报送和反馈等机制，并接受行业专家的监督评审；**二是**探索数字化转型试点经验的推广应用，选择电网、金融、产业、国际化等领域提炼企业转型典型模式，发布数字化转型优秀成果，建立行业标杆，增强影响力，促进更大范围推广应用。

（四）技术协同——打造开放创新合作空间

建议能源电力企业将数字技术、数据要素、数字产业与能源电力市场需求统一起来，让数字技术孵化的产品更具有市场竞争力，更符合监管规范要求，以开放包容的创新组织方式推动全要素生产率提升。**一是**在新型能源数字平台中发挥数据挖掘能力与价值创造优势，探索可持续的商业模式与产业协作模式，整合商流、物流、信息流、资金流等各方供应链资源，推动生产运营各环节有机衔接；**二是**在电网数字孪生、双碳监测、管理组织优化等重大命题中储备关键技术，汇聚关键人才，提升对重大前沿科技、管理难题的创新攻关能力；**三是**研发一批能源数字产品，促进产品、技术、市场、产业间的协同互动，推动数据市场与电力市场、金融市场有效衔接拓展，依托数据融合共享推动跨领域、跨平台合作，形成实质性的创新创效价值，孵化"能源电力＋"服务模式。

2.4 小　结

能源电力企业逐渐形成了自上而下战略统筹与由点及面典型带动的数字化转型推进体系。在顶层战略设计层面，能源电力企业依托集团领导挂帅与专职的数字化转型牵头部门，提出了众多重点任务，制定了涵盖资源统筹、产业协同、人员培养等多项政策制度，加速推进了企业数字化转型进程。在基层任务落实阶段，能源电力企业充分挖掘内部先进单位，树立典型示范，围绕数字化研发、智能化生产、一体化经营等关键业务开展典型场景培育推广，在厘清数字化转型路径基础上，进一步引导相关单位加快推动转型进程。

能源电力企业逐步推进产业数字化与数字产业化协同发展，不断拓展自身的内涵和外延，将为数字经济与电力工业深度融合创造更加广阔的空间。生产经营的数字化转型将不断提升运营效率和发展质量，以人工智能和大数据等新一代信息技术为驱动的科技研发与生产运营，正不断加快成果产出与转化，提升能源电力供应的安全、绿色和经济性。能源电力企业也加快布局数字产业发展、关键核心技术自主可控水平持续提升、数字基础设施的供给能力和使用效率大幅提升，已促使其成为打造转型发展新基石，打通经济社会发展的信息"大动脉"，数字经济发展的新引擎也为国家经济与创新发展提供了新动能与新理念。

能源电力企业要直面数字化转型的关键问题，在充分继承前期既定路线和优质资源基础上，从"转型"上下功夫，从"机制创新"上破局发力。经过一段时间的转型"高速期"，当前大部分能源电力企业数字化转型正处在新的

"平台瓶颈期"，多年持续耕耘已经使企业数字化发展达到了一个较高水平的平台基础，同时单纯依靠数字技术、数字平台、数据要素等资源投入创造的"边际效益"在递减，必须同步开展管理机制创新，主动与国企改革衔接，与市场化建设结合，让数字化转型逐步进入企业重大决策的"舞台中央"。

（本章撰写人：尹莞婷　审核人：傅成程）

3

能源电力企业数字化转型赋能生产运营深化研究

在持续推进现代化产业体系建设、数字经济与实体经济深度融合发展趋势下，能源电力企业数字化转型已经从夯基础向强应用阶段转型，相关数字基础设施、数据资源管理及应用、系统平台建设等基础性工作已经基本完成，下一步需要进一步聚焦数字化在企业生产运营活动中的深度嵌入，关注数字化在感知通信、决策支撑、安全防御和制度优化等各方面的支撑赋能与颠覆创新能力建设，并结合企业实际业务需求，优选精细且迫切的典型场景开展深入研究，加强试点及推广工作，从"标准化"向"个性化"转变。

3.1 数字化赋能能源电力企业生产运营的能力建设

推动数字化深度支撑能源电力企业生产运营的能力建设关键要做好对感知通信、决策支撑、安全防御和制度优化四个方面的技术融合应用与布局，从硬基础和软支撑两个维度全面支撑企业生产运营全环节的数字化高效经济运行[3-4]。

3.1.1 数字化感知通信能力

紧跟人工智能技术发展，利用新技术引领构建基于空间数据的能源电力企业数字化应用体系，通过电网空天地一体化构建提升能源电力智能感知能力。

在业务发展层面。从卫星数据服务、直升机和无人机服务、数字孪生服务以及数据管理与融合四个方面着重发展，形成面向能源电力领域的批量化服务。一是无人机与新型电力系统融合应用。加快空天地一体化通信与无人机融合应用，以无人机作为电网的移动通信基站，与卫星通信、北斗导航系统、地面通信网络连接，形成空天地一体化协作平台，进行超视距测控和数据信息传输。二是空天通信在能源电力系统中应用。建立空天地融合一体化地灾监测预警体系，建立输电线路"卫星普查－航空详查－地面核查"的空天地融合一体化地灾监测预警体系；完善无信号区域应急通信系统，研发中大型无人机搭载

"北斗＋4/5G"实时通信模块，加改装 Bell429 机载天线并配备地面通信和单兵通信设备等技术，实现应急通信系统在线路检修抢修多场景中的成熟运用。

在技术发展层面。一是空天地大数据和人工智能技术，基于卫星遥感监测的方式，结合大量的卫星数据，建立输电通道典型地物库和典型灾害库，实现对输电线路外破及重大地质灾害隐患的排查，为输电线路灾害预警和处置提供有力的技术支撑。二是监测预警技术，深化三维地理信息数据与气象数据、精益模型数据、遥感数据的融合算法研究，结合地表覆盖和地形地势等信息，为能源电力基建、设计、运维、调度全业务链提供精细化气象数据及极端天气下灾情研判、弹性响应提供支撑。三是大场景数字孪生技术，开展基于物联网技术的能源电力孪生体实时动态更新技术研究，构建多业务场景数字孪生模型精益化管理方案和数字孪生模型标准，实现精细模型与实时状态信息的融合、精准模拟仿真，为实现实景动态化演进奠定技术基础。

在机制发展层面。一是健全空天地技术领域管理制度。构建适用于航空航天融合技术及相关的应用情况的规章制度体系，覆盖技术研发、装备研制、试飞验证、信息传导处理、应用服务等空天地技术全流程规范操作与管理。二是统筹能源电力空间数据全生命周期管理。明确空天地多源空间数据管理工作职责及各个环节要求，构建面向能源电力企业业务全域的空间数据管理体系，完善空间数据治理和管理服务能力，强化数据安全防护体系建设。

3.1.2 数字化决策支撑能力

单纯的"大数据＋大算力＋大模型"暴力模式难以解决能源电力企业数字化转型面临的挑战问题，未来需要构建以"数据驱动＋知识驱动"为主导的电力人工智能融合理论与应用范式，在系统层面研发数字孪生系统、在范式层面实现数据激励融合、在应用层面开展云边协同优化。

在业务发展层面。一是系统认知推理领域应用。能源电力知识图谱、设备故障诊断、系统故障推断等领域目前初步形成了较好的应用成果，未来需要进一步提升认知推理技术在复杂任务中的适应能力。二是系统优化决策领域应用。能源电力优化调度、市场交易、系统判稳等领域目前积累了大量技术前沿研究，然而尚不具备在核心业务领域落地应用的条件，未来需要尽快解决智能决策技术所存在的可信性瓶颈问题。三是系统处理故障领域应用。通过知识图谱构建与知识推理进行故障处置决策，解决原因嵌套下故障难以溯源、多影响因素难以厘清、未来态势难以可靠预测的难点。

在技术发展层面。一是运算智能技术。即快速计算和记忆存储能力，利用云计算、边缘计算等数字技术构建全局算力服务，实现算力资源按需动态调配，可支撑海量新能源并网。二是认知智能技术。重点突破知识推理、因果推断、机理引导等技术，实现系统故障辅助决策、故障辨识回溯与运行态势感知，提升人与机器、人与业务的协同、共享和博弈等能力。三是决策智能技术。重点突破群体智能、博弈智能、混合增强智能等技术，实现新型能源体系中的分布式多源协同、系统自趋优运行与人机"闭环"协作。

3.1.3 数字化安全防御能力

信息通信及网络安全的演进，需要坚持企业级建设，统筹提升精准感知、可靠通信和全域计算能力，为能源电力企业数字化转型提供统一坚强的新型数字基础设施。

在安全防护理念优化方面。一是以物理隔离为特征的"筑长城"方式的安全防御策略可能难以满足新型能源体系下各方主体频繁互动的需要，必须建立具有"防病毒"功能的防御策略，用"主动攻击"形成病毒的"抗体"，进而适应当前无处不在随时发生的安全攻击环境。二是现阶段建议以情景推演、模拟仿真、积极干预、合作共享等多种方式建立多元化的安全策略，并将"人的不确定性"也考虑作为安全防控的内生变量。

在数字技术自主可控方面。一是对于底层通用技术，比如工业基础软件、操作系统等，建议在必要场合积极向政府部门澄清消除误解。二是对于能源电力应用软件，以自主研发或与合作方共同研发的方式推进数字技术与能源全产业链、价值链、生态链深度融合，做强做优做大国产数字技术应用体系，在包括规划设计、通用 3D 建模与空间绘制、系统控制等方面逐步取得国际领先地位。

在筑牢网络安全体系方面。一是加快建设能源电力企业全场景网络安全防护体系，规范业务分区分域，提升态势感知和监测预警能力，推进实战对抗能力建设。二是健全数据分类分级管理体系，制定差异化数据管理与应用规范，保障数据流转全过程依法合规。强化数据安全监测预警，构建多级协同的数据风险应急联动处置能力。三是积极稳妥推进自主可控应用工作，完善自主可控应用工作机制、配套支撑和生态体系，全面提升自主可控应用水平。

在完善数字化运行保障体系方面。一是优化数字化调运检体系，推进统一接入、统一流程和统一服务标准，夯实运行基础。二是推动云上云下资源集中监视，实现资源全管控、运维全覆盖、业务全监测，提升运维智能化水平。三是开展重要业务系统全链路监控，聚焦核心业务监测场景及关键指标，完善全链路监控体系，确保故障快速定位、分析、回溯，实现用户体验实时感知，强化业务系统运行保障。

3.1.4 数字化制度优化能力

推动能源电力企业治理体系和治理能力现代化不仅是实现"治理现代"方针的重要实践，更是适应时代之变的必然选择，要充分发挥数字技术、模式、文化、机制等在传统业务转型升级中的赋能引领作用，统筹好传统产业转型升级与战略性新兴产业发展的时序关系，发挥好管理制度在业务转型与能力建设中的"黏合剂"作用。

一是业务架构优化。强化业务架构在数字化转型中的关键作用，以"架构化、流程化、数字化"为路径，打通能源电力企业发展战略到数字化转型落地全链条。相较于技术架构、数据架构、安全架构，业务架构是转型效果引领性最强但各企业建设考虑最晚的一步。因此，需要将业务架构纳入企业架构进行统筹布局，发挥业务架构作为战略到执行的桥梁和纽带作用，深化、细化企业战略、业务到数字化的贯通，指导业务变革、管理变革、组织优化和数字化建设，实现从零星、局部突破向体系化、系统化数字化转型推进方法转变。例如在配电网生产运营环节设计中，加强现代智慧配电网建设和源网荷储互动，突出配电网柔性化、透明化业务设计需求，研究制定配电网采集终端、台区融合终端配置策略。

二是加速平台统筹。推动企业由"多平台"向"大平台＋微应用"模式转变。多数能源电力企业数字化转型已经形成了较为完整的中台架构与物联感知体系。在统一的企业级顶层设计规则下，未来数字化转型通过建立统一开放的数字化架构体系来促进基础能力提升与平台赋能，让企业内外部的各类数字平台能够"各安其位""各司其职"，既发挥专业部门的能动性和专业优势，又避免"新烟囱""新壁垒"的产生，同时增强对外部资源、产业链上下游企业的引领带动能力。

三是数字素养提升。提出一批能够培育数字文化、数字创新氛围的制度举措。例如借鉴地方政府经验选拔首席数据官、借鉴科技管理经验推动揭榜挂帅的项目制柔性团队、借鉴国企改革制度提出股权分红的产业孵化机制等，激励数字化专业人才和业务领域人才交叉融合。

四是落实伦理责任。能源数字伦理并不等同于能源可持续发展伦理，应涵盖能源的生产、分配与消费方式进行系统考量。从能源流通的全环节来看，科技的引入和应用能提升全流程效率，减轻能源发展的负担，但也应该注意到技术使用带来的能源消耗、隐私泄露、员工需求下降等弊端。根据《关于加强科技伦理治理的意见》，企业应结合业务风险进一步提升科技伦理治理能力，包括在实际工程应用中构建有效机制来处理数据隐私性和系统效能之间的内在权衡关系，从用户侧隐私保护、运营方隐私激励、供能方隐私保护三个方面，加强能源电力企业数字化中隐私保护研究。

3.2　数字化赋能能源电力企业生产运营的典型场景

电力作为能源系统中的核心枢纽，按照电力生产、运输和服务三大环节，分别分析数字化在各环节中的深度赋能支撑与创新颠覆价值。

3.2.1　数字化赋能电力生产调控运行支撑实时平衡

充分发挥数据分析挖掘在新能源以及负荷预测方面的作用，实现对不同时间尺度电力电量平衡。如图 3-1 所示，在长时间尺度下，侧重于"发电总体平衡"，因此主要通过数据分析不同能源资源的情况，实现跨区域多能源品类的有效互补，兼顾就地消纳和跨区消纳，兼顾安全与经济，实现区域总体电量平衡。在短时间尺度下，侧重于"发电能力平衡"，依托对气象、季节等因素的分析，强化对电力供需的短期预测，提升对储能和抽水蓄能等灵活性资源的潜力挖掘。在超短时间尺度下，侧重于"调解能力平衡"，依托数字化和市场化机制相结合，有序引导市场上能够快速反应的灵活性资源自发地参与到电力平衡，实现系统调节能力和新能源负荷波动的实时动态平衡。

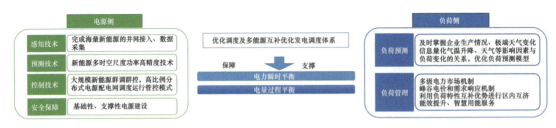

图 3-1　数字化赋能电力生产调控运行支撑实时平衡框架图

一是构建基于多能互补的电源规划布局模式，强化应对大规模新能源集群并网的统筹管理与调用能力。加强与气象部门、科研院所合作提升气象因素的感知和预测能力；实现数字技术对"新能源＋储能"模式的赋能；加强对保障性机组的经济调度，实现对分布式新能源集群并网的统筹管理与智能化调度。

二是充分挖掘负荷侧不同用能主体的消费习惯，依据电力供给有针对性地引导和调节用能行为。按照不同负荷类型挖掘其用电特性的影响因素，提升对用电曲线进行预测的准确性，细化需求侧管理方案，提升价格机制引导的有效性。

三是电网侧建立灵活的拓扑结构，强化应对实时电力电量平衡的调度控制能力。随着电网发用两端主体数量和运行复杂性的不断提升，电网开展电力电量平衡所考虑的网络约束条件决定了其拓扑结构优化难度也呈指数级增长，依托人工智能等先进算法，可以实现在不追加投资、不加装设备的前提下，通过改变电网拓扑结构改善潮流分布，解决线路过载与电压越线等问题，从而可以依据供需环境的变化，自动找到最优的电网拓扑结构，进而进一步提升电力系统应对实时电力电量平衡的能力。

3.2.2 数字化赋能电力输送供需协同应对气候变化

以数字化支撑发电、输电、配电、用电多个环节应对气候变化的核心能力，有效发挥数据驱动的事前预测和事中预警的作用。在支撑发电侧清洁能源预测方面，通过推进内外部多源数据融合接入，优化气象采集感知，引入人工智能算法提升数值天气预报水平，建立气象数据分析算法库，实现清洁能源资源特征的实时感知及变化量预测。在支撑输配电侧电网运行风险防控方面，通过加深平台多源数据融合算法应用，推进电力气象预报预警模型优化升级，重点针对寒潮、强降水、大风、高温、强对流、覆冰等重大天气过程开展灾害性气象预警产品进行研发应用，实现灾害性天气的识别、预警。在支撑用电侧负荷预测方面，基于平台实测、预报类气象多源融合数据建立面向安全生产的电力气象指标体系，面向调度部门提供覆盖短期、中长期尺度的精细化预报产品，实现"定时、定点、定量"的全景气象全息感知，为决策部门提供数据支撑（如图 3-2 所示）。

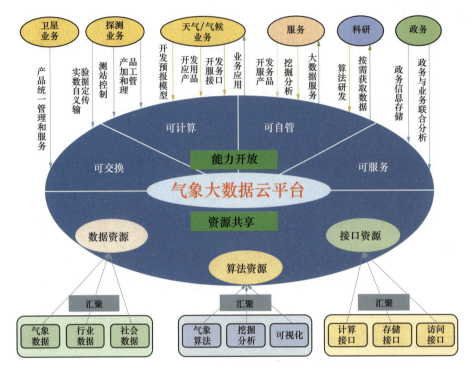

图3-2 数字化赋能电力输送供需协同应对气候变化示例图

一是强化基于天气数据对新能源出力情况的精准预测。打造精细化预报数据权威产品，引入气象学科检测方法，推进内外部多源数据接入，引入人工智能算法提升数值天气预报水平，建立气象数据分析算法库，提升数据质量检测精度、数据融合结果精度，形成业内电力气象预测数据权威产品。

二是提升面向电网运行风险防控的气象预报预警能力。深度结合输配电侧业务部门需求，打造电网安监防灾应用专区，展示变电站/配电站、线路、杆塔等设备的具体位置、编号、风险等级等关键要素；实现对灾情信息的及时更新与上报等功能，为各种应急信息提供气象预警专报等信息发布渠道；生成带有气象预警信息的预报图层数据，并于新一代应急系统中集成展示。

三是推进企业级公共气象服务平台及相关标准体系建设和试点。形成统一的数据模型规范，贯通数据各层级应用服务，统筹推进平台数据采集、接入、评价、服务规范化、标准化发展。结合"打造电力气象服务体系"的要求，推进企业级气象平台建设，并在重点省份开展平台试点推广工作。

3.2.3 数字化赋能电力服务终端资源聚合产业优化

通过数字化赋能的虚拟电厂聚合分布式电源、柔性负荷、储能等多种可调节资源，实现对资源的智能调控和协调优化，确保电力供需平衡和新能源高效利用。数字化赋能虚拟电厂，聚合可调节资源，实现资源最优配置，一方面依托资源层将不同类型用户响应终端的可调节资源进行整合，统一进行数据交互汇聚和优化运营控制；另一方面依托平台层参与市场交易和需求响应，实现资源侧的最优化配置。

虚拟电厂商业模式如图 3-3 所示。在此基础上，数字化赋能虚拟电厂建设发展可以从参与市场交易、探索商业模式、对接参与主体、控制海量资源等方面发挥价值。

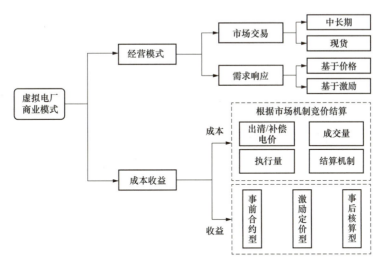

图 3-3 虚拟电厂商业模式

一是准确衡量虚拟电厂参与电力市场的潜在价值。通过合理的市场规则设计，全面准确衡量虚拟电厂发挥的容量价值、能量价值、调节能力价值，根据其为电力系统运行创造的效益或节约的成本恰当地分配收益，促进虚拟电厂的蓬勃发展。

二是探索适合我国国情的虚拟电厂商业模式。探索可控性强的资源主体。全面摸排各类可调资源和具备较强调节能力的用户、负荷聚合商等市场主体，形成虚拟电厂动态响应资源库。探索精准调控的运营架构。完善既有设备设施智能化改造，部署传感器、控制器以及边缘计算和通信装置，搭建快速传递、高效分析、精准控制的通信架构和运营平台。探索多元共享的盈利模式。拓展市场交易品种，完善虚拟电厂参与服务市场、需求响应市场、电能量市场的价格机制及交易规则；拓展收益来源，激励负荷聚合商制定多样化的分成模式，充分引导用户主动配合调节，更频繁和有效地与用户产生互动，推动市场参与主体共享运营收益。

三是明确分布式资源优先接入主体和扩围方针。依托数字化技术平台，明确不受物理空间限制的虚拟电厂参与主体，明确其深度介入电力调控系统的接入方式，实现虚拟电厂聚合的储能、可调节负荷等资源响应速度达到分钟级甚至秒级，推动质效明显提升。

四是强化基于海量分布式资源聚合的虚拟电厂协调控制。构建"云边协同＋物联网技术＋人工智能"架构的虚拟电厂协同互动调控系统，聚合海量分布式资源，实现资源最优化配置。在分布式资源主体侧，智能终端设备基于物联网技术将采集到的特性曲线、负荷需求等信息上传至边缘服务器，并响应其调度指令。边缘服务器作为虚拟电厂云端与分布式资源终端的中间节点，利用人工智能技术处理来自分布式资源层海量信息数据，并将其转化为资源外特性参数上传至虚拟电厂云端平台。虚拟电厂云端平台利用各资源集群的参数信息结合智能算法完成内部资源的优化整合。云边协同架构下的虚拟电厂协同互动调控系统能够保证能源配置合理化，充分发挥边侧资源灵活性。

3.3 小 结

推动能源电力企业数字化能力建设关键要做好对感知通信、决策支撑、安

全防御和制度优化四个方面的技术融合应用与布局，数字化全面支撑企业生产运营全环节的数字化高效经济运行。感知通信方面进一步加强以空天地一体化发展为核心的数字感知能力；决策支撑方面进一步加强以新一代人工智能技术为代表的数字决策能力布局；安全防御方面进一步加强在"未知大于已知"的安全新认知体系下的防御能力布局；制度优化方面进一步加强数字技术、模式、文化、机制等在传统业务转型升级中的赋能引领作用。

从新时期的经济态势、技术需求和生产需要，客观研判能源电力企业数字化转型趋势，切实挖掘数字化的赋能场景。经济态势恢复、技术进步和扩大生产均会引发供需结构的转变，研究能源电力借助智能化的技术及其演进态势以确保能源电力的安全稳定、经济高效供应。因此，能源电力企业的数字化转型应考虑多方因素，客观判断转型趋势，并由该趋势细化出具体的业务场景，并实现切实有效的数字产品以辅助能源电力供需的高水平平衡。

（本章撰写人：高晓楠　审核人：袁嘉琪）

案例篇

4

国内能源电力企业数字化转型

依据电力生产环节，类比分析国家电网、南方电网、国家能源集团、中国华能、中国大唐等国内能源电力企业在电能生产、电力输送、用电服务等方面的数字化转型典型场景和具体案例。

4.1 电能生产数字化强化发电质效

电能生产是保障能源供给安全可靠的根本性环节。随着数字化生产体系不断完善、数字产业新业态快速发展，数字技术与电能生产越发深入融合，以新能源为主体的新型电力系统建设正稳步推进。面对风电、光伏等新能源倍增而加剧的电能质量问题，国内能源电力企业依托数字化智能化技术采集实时运行数据、拓宽网络应用范围、保障生产财产安全、强化发电质效。通过夯实底层数据基础与应用数智技术筑牢风险防控体系，优化电能生产流程。

4.1.1 优化企业经营管理

（一）中国三峡：生产运营模式全球化

中国三峡进一步拓展"智慧三峡"战略规划设计覆盖业务范围，推广"数据优先"理念。在变革效率中，推动组织生产运营模式更加全球化，促使数字化转型对经济价值的放大、叠加、倍增作用充分发挥。与思爱普（SAP）达成战略合作，构建智慧管理平台支撑中国三峡海外业务的规范化管理，提升海外生产运营能力。

（二）国家电投：应用标准化数据驱动生产经营

国家电投发挥产业优势，有序实现数据互通，规范数据使用，为数据便捷应用创造良好条件，严格加强数据安全管理，实现高效数据共享，令数据价值更好地赋能新型能源生产体系。通过建立健全数字化转型体制机制，完善顶层设计，全面推进 6 类主数据治理，制定 18 个主数据管理标准，实现主数据统一标准、统一系统、统一源头、统一运维审核。通过持续建设产业数据中台，初步建成全球最大的新能源集团化数字化平台，支撑国家电投开展生产经营管理。

（三）中国华能：生产经营管理智能化精益化

中国华能推进企业资源、人力资源、财务、营销、风控等业务全面数字化、智能化建设，加快数据治理体系建设，深化各管理系统融合，降低管理成本，提升运营管理效率，实现集团业务管理流程的数字化全覆盖，共享数字化管理价值。接入水电、火电、燃气轮机、核电等生产数据，形成统一智慧能源数据平台，挖掘数据资源，打通数据壁垒，将数据资源作为重要的资产进行管理和运营。

4.1.2 精益智慧发电流程

（一）中国华能：灵活运用 5G 技术，提供智能发电方案

中国华能依托云边协同与 5G 技术实时感知发电状态，并支撑发电机组自动调节控制策略。一是设计云边数据传输架构保障关键数据实时处理，部署 5G＋MEC（Mobile Edge Computing，移动边缘计算）虚拟专网，实现关键数据实时传输，实现 5G 网络覆盖，保障业务高质量传输，采用 UPF（User Plane Function，用户面功能）设备下沉的组网方式组成边缘计算专网，通过数据分流实现生产数据本地流量闭环，满足业务低时延需求。二是利用 5G 融合物联网技术实现基础数据采集，提供安全、高效、稳定的数据基础底座，加速平台层集约化运营、高效化运转以及信息化构建，开展 5G 数据采集、智能诊断、无人机自动巡检、安全管控等 10 余项 5G 应用建设，支持实现智能分析与生产运营的高效协同，优化作业流程等目标，加速推进传统业务场景的数智化转型。

（二）国家电投：立足能源消费侧，创新建设综合智慧零碳电厂

国家电投坚持推动从传统发电向用户侧延伸，把用户侧综合智慧能源作为零碳发力点、技术创新点和经济增长极，积极向智慧城镇、集群楼宇、产业园区及用能终端用户拓展，打造一批综合智慧能源零碳示范项目。一是利用数字化技术制定合理发电策略，协调发电环节的绿色与经济，提出"雪炭"行动，立足能源消费，发展建设综合智慧零碳电厂，与分布式能源、储能及建筑、交通等能源需求元素相结合，与智能系统相配合，集成调控源网荷储元素，使能源的利用更加清洁、安全与稳定。二是推动数字智能技术在综合能源领域应用，实现用能环节的清洁与高效。发挥综合智慧零碳电厂与用户侧紧密联系的优势，有效解决传统发电企业"重发、轻供、不管用"的问题。截至目前，国家电投已经有多个综合智慧零碳电厂建成投运，在建项目近40个，需求侧能源管理水平得到稳步提升。

（三）国家能源集团：创新构设智能发电解决方案

国家能源集团着力突破能源装备智能感知与智能终端技术，提高发电行业智能化水平。一是深化数字技术与发电流程结合，实现实时监控与动态分析，完善生产运营全流程协同管理。进行生产运营全域监视及燃料供应风险预警，实现煤炭产运销储运全链条计划平衡、实时在线调度，完善"管一级、看一级"功能，健全指标体系和评价手段。二是加强创新技术研发与转化，融合大数据、AI、数字孪生等前沿技术，持续完善平台底座、数据底座、云网底座，以新型IT基础设施和能力赋能全集团数字化转型和智能化建设；落实信息技术创新应用要求，积极开展各类系统和软硬件的自主可控适配和替换，办公软件的替换率接近100％。

（四）中国核电：搭建层级分明的智慧核电体系

中国核电建设四层级智慧核电体系架构，实现对核电生产的安全、运行、维护等各领域信息进行集成、分析、判断和预测，提高核电运营技术水平，提升国内核电厂运营的可靠性和安全性。一是构建物联网、5G无线和北斗等接入基础设施的支持层，为数据实时通信和采集等功能提供支持。二是搭建集成大数据、人工智能和工业互联网技术的平台层，采用开放的架构，为智慧电站的应用提供支撑。三是构建整合设计管理、采购管理、运行监控、生产计划等具体功能的应用层，开展多个智慧电站应用场景探索。四是实现移动终端与人工智能决策系统相结合的交互层，提高智慧电站高效高质运营水平。

（五）中国三峡：实现电力生产及相关工程建造智慧化

中国三峡持续提升数字化技术赋能电力生产运营的能力。一是打造工业互联网平台，实现电厂设备实时运行状态的可观可测，链接水电设备部件超过23万个，实现运行监视、状态评估、异常预警、故障诊断等各环节全面贯通，推动水电站设备依托机器学习技术实现分析预测功能，不断优化电力生产质效。二是攻克关键技术，实现工程大坝建设全过程的实时可调可控。实施"数字大坝"建设，为水力发电生产夯实数据基础，打造产学研用协同的大坝智能建造平台，实现乌东德、白鹤滩水电站施工过程中的核心施工工艺全部智能调控，建成智慧大坝。

4.1.3 落实生产安全管控

（一）中国大唐：现场作业智能化管控全过程安全

中国大唐有效推动现场作业无人自动化，根据光伏发电等新能源发电的特点创新实施本质安全数字化、智能化管控体系建设，推进"机械化换人、自动化减人、智能化无人"，着力提升企业安全风险管控能力。依托生产现场各类数字化前端感知设施，实时采集生产现场人员、设备和环境实时数据，综合安全生产管理流程中人机交互生产的各类数据，运用移动互联网、大数据、云计算等信息技术，推动安全生产管理由传统管理模式转型升级为以"算法＋数据"为核心的数字化管理新模式；现场作业方面借助5G、物联网、无线实时定位、智能机器人、无人机以及其他人工智能技术，实施一系列"技防""物防"智能化管控措施，实现对现场作业安全风险的辨识、防范、预警、处置的全过程智能化管控。

（二）国家电投：数字化推动火电机组生产安全

国家电投推进火电机组可观可测可调可控，建设"工业互联网＋安全生产"平台，完成23个安全生产基础管理功能在5家试点单位上线，完成3个以上数字技术防范安全生产事故的"科技兴安"试点，实现集团安全生产管理流程可控、数据可见，进一步推动具有国家电投自主知识产权的自主安全可控分布式控制系统研发，实现火电机组自主安全可控应用。

（三）国家能源集团：智能化研发系统保障发电生产安全

一是基于国产芯片研发自主可控智能分散控制系统，融合AI、工业大数据分析、工业互联网、先进控制等技术，实现设备及工艺系统故障自动诊断及预警、复杂工况下自动适应和趋优等功能，进一步代替操作人员自主进行机组的监控和运行，使发电生产过程更加安全高效、灵活、环保。二是利用5G大带宽网络，实现分散控制系统的灵活部署，大幅提升检修作业及中高风险作业监管水平，实现智能巡检少人值守、电子围栏、移动监控，为安全生产增添了可靠的"智能"防线，确保企业生产安全、能源供应安全和生态环保安全。

（四）中国核电：安全化实体与虚拟核电厂数字孪生

中国核电推动实现安全系统自主化，有效保障建设、运行与维护等环节的生产安全，实现关键信息安全与自主可控。研发我国首套具有自主知识产权的核电关键设计软件，覆盖了传统核电软件80余项功能，通过确定论安全分析、概率安全分析、严重事故分析等特色技术，成为核电厂安全、可靠、高效运行的重要基础，支撑核电厂有效规避设计与运行支持中的风险，助力核电厂对基准及严重事故进行安全分析、模拟仿真。

4.2 电力输送智能化增强输变配能力

电力输送网络是承接源荷协调互动的重要纽带。随着"双碳"目标稳步推进，灵活、智能、坚强、柔性的电力输送网络是满足高速增长的能源电力需求，推进高比例新能源供给消纳体系的建设，实现多能互补、源网荷储协同互动的重要途径。当前，为提升电力输送效率、保障供电可靠性，能源电力企业在输电、变电、配电三大场景中持续推进设备智慧化建设、业务数字化升级、技术突破性研发，推动电网全环节数字化、智能化，促进实现电力输送业务、数据、要素的在线化、可视化、透明化，持续提高输变电质量与效率，助推电网向能源互联网转型升级。

4.2.1 提升输电工作质效

（一）国家电网：形成特色输电线路运维模式

国家电网强化数字化输电基础设施建设，提升输电线路全面感知和泛在互联能力。一是应用数字化手段优化输电线路日常巡检、防灾减灾与故障缺陷定位，完成电力北斗精准位置服务网网型优化设计，建设北斗三号短报文功能模块，实现"实时厘米级、后处理毫米级"的定位精准度在无人机巡检、输电线路维护等场景应用。二是研发部署输电线路通道可视化在线监控系统，实现数字基础设施全量应用，全面覆盖试点城市密集输电通道，接入无人机自主巡线系统、线路微气象系统，通过图像智能识别技术，实现对外力破坏隐患的自动识别和主动预警，形成具备"信息全面整合、内外高效交互、全景实时监控、问题快速处置、分级专业管控"五大特征的"立体巡检＋集中监控＋网格化处置"输电运维新模式。

（二）南方电网：加大输电科技成果研发力度

一是加大无人机巡视推进力度，实现智能巡视无人化，开展三维数字化通道建设，利用激光雷达、倾斜摄影等技术开展输电线路点云采集，结合南网GIS平台地理信息建设输电线路三维数字化通道，开展无人机自动驾驶航线规划、树障隐患分析、密集通道运维管理等，逐步实现35kV及以上输电线路三维数字化通道100%全覆盖，完成物理输电向数字输电转变。二是建设全网统一机巡系统，实现输电线路精细化巡视和通道巡视，以采集数据为基础借助人工智能算法进行智能识别，自动生成巡检报告，巡检发现的缺陷与隐患自动流转闭环管控，逐步实现35kV及以上输电线路无人机自动驾驶100%全覆盖，达到智能巡视无人化目标。加强业务数据融合，提升输电智能分析水平。

4.2.2 加速变电工作创新

（一）国家电网：推动变电环节智能化

一是加快变电站数字孪生模型建设，实现变电站运行可观可测与动态推演，采用三维激光点云精细化建模技术，采集实体物理数据，完成物理实体的数字建模，精准立体再现实体变电站的全貌，通过虚拟和现实数据的交互，辅助开展日常智能运检工作。二是研发新一代集控系统，实现变电设备可调可控，通过一体监控、全景展示、数据穿透、顺控操作、综合防务、智能告警、自动验收等功能，加大变电站设备监控强度、管理细度、生产信息化程度、智能化支撑力度，强化站内状态感知、缺陷发现、设备管控、主动预警、应急处置五种能力。目前，国家电网新一代集控系统在17个省（区、市）全面上线，实现变电站"无人值守＋集中监控"，持续护航电网供电的安全性和可靠性，助力电力设备管理降本增效，提高变电站智能化水平。

（二）南方电网：实现变电设备、模式智能化

一是建成"无人值守＋集中巡维"和"设备主人＋智能诊断"的变电远程化智能运维体系，实现"设备状况一目了然、生产操作一键可达、风险管控一线贯穿"的变电智能运维模式，通过工作远程化、无人化、智能化保障覆盖全域电力输送安全可靠。当前，累计全域物联网平台累计接入变电站1519座。二是以数字技术推动物理电网改造升级，提升电网装备智能化水平，持续推广成熟数字变电新技术及新装备，提升设备本身感知能力，依托信息数字化、通信网络化、信息共享化，完成信息采集、测量、计量、控制、保护、检测等数字化智能化技术探索应用，支持电网实时自动控制、智能调节、在线分析决策和协同交互。目前，南方电网的364座变电站实现远方巡视为主、人工检查性巡视为辅的巡视模式，99.5%变电站实现无人值守，108座变电站开展远程操作

试点；通过站端主要设备智能化、一次系统模块化、二次系统集成化，推进数字化智能变电站建设。

4.2.3　发展智慧配电网络

（一）国家电网：发挥数据在配电建模预测与网络抢修中的支撑作用

一是挖掘数据信息，运用人工智能提升分布式光伏功率预测准确性。应用网格化数据建模方法，根据地理位置、电网结构将区域划分为多个子区域，将光伏用户与气象站气象预报数据通过网格进行匹配；构建中低压有源配电网数据集，利用"两库一平台"训练环境开展基于轻量级机器学习算法的预测模型研发，建成分布式光伏功率预测模型，封装部署于配电相关业务系统，辅助配电网调度，专业开展运行方式调整和容量调配；深入研究预测模型算法优化、有源配电网精细化负荷预测等方面内容，进一步提升光伏出力短时预警及长时电量预测精度，服务配电网可接入容量评估、配电网运行方式优化等业务需求，有效保障电力可靠供应。二是部署新一代配电网抢修移动应用，打造设备互联互通、人机高效交互、管理智能决策的配电网抢修数字化服务新模式。基于PMS3.0架构与电网资源业务中台的数据共享服务，实现配电网抢修数据的同源维护和配电网抢修业务的一条线贯通，减轻基层工作人员负担，提高配电网抢修效率和供电服务指挥智能化水平。

（二）南方电网：应用数字技术改造并模拟智能配电网络

南方电网推进新型智能配电工程建设，因地制宜选取配置方案，全面实施智能配电站、智能开关站、智能台架变压器、低压透明台区工程项目建设，实现智能化设备的同步设计、同步实施、同步验收、同步投运，进一步提升配电网设备在线状态监测水平，提高运维巡检智能化水平，实现配电网状态可视化和信息互动化，支撑智能规划、智能运维、智能营销等业务。当前，南方电网累计建设或改造智能台区、智能配电房1.9万座，全网配电自动化有效覆盖率达83.6%，全域物联网平台累计接入配电站房8140座。已建成深圳福田、广州中新知识城、珠海横琴等高可靠性配电网示范区，打造数字配电网典型案例；建成南方区域规模最大的先进配电网实境试验平台，用以模拟常规配电网运行与光伏发电、风电及小水电等新能源接入配电网的运行情况，动态分析新能源对配电网运行产生的波动、影响，真实模拟配电网故障场景。

4.3 用电服务优质化提升用户满意度

用电服务是能源电力企业提升效益、展现价值的关键点。随着能源电力企业数字化转型进一步深化，电力用户对高质量、多样化、定制化、创新型服务的要求日益提升，灵活高效的电力用户需求响应机制与体制亟待建立。面向需求侧，能源电力企业不断提升自身服务质量，以期提供多层次、专业化、个性化的用能、用电服务。在管理运营数据、延展服务场景、绿色智慧物联等多方面优化服务，最大化能源电力资源价值，更好服务于能源转型升级和经济社会发展，切实增强电力用户的获得感、幸福感和安全感。

4.3.1 提升数据运营管理能力

（一）国家电网：强化数据合规管理能力，保障服务质量与隐私安全

国家电网持续夯实数据合规管理基础，推动数据开放共享，赋能业务和基层一线，激活数据价值。一是发挥数据安全合规的专业引领作用，建立数据合规信息研究机制。跟进研究法律法规与政策文件，聚焦热点事件，分析生成式人工智能的安全合规影响和风险，制订应对措施，有针对性发布预警。二是建立数据合规风险评估、审查审核与监督检查机制，提前识别和预警数据合规风险，审慎应用数据，并定期评估数据安全合规风险及安全合规体系有效性。三是开展数据分类分级，实施差异化防控策略，针对核心数据、重要数据、用户个人信息，明确数据采、传、存、用各环节数据处理活动差异化、立体式安全要求和应对措施。四是研发数据安全技术装备，全面提升数据处理各环节风险应对能力，保障数据全生命周期安全。

（二）南方电网：推进资产数据化与数据资产化

一是大力推动资产数据化，深化资产全生命周期运营管理和数字化协作应用，促进资产管理各环节有序运转、高效协同，提升资产使用效率和管理效益，建设健全数据资产管理体系和管理平台，提升企业数据治理能力和数据价值创造能力。二是加强数据资产全生命周期管理，实现以"责权利"为主线的数据资产管理体系建设。加速数据资产融通，发布能源央企数据资产定价方法，深化数据价值创造，对内提质增效，对外服务经济、社会发展。当前，南方电网数据资产已初步实现实时统一汇聚、全面融合，数据总量已超过"十三五"初期的 100 倍，已汇聚超过 3.6PB 的数据，数字电网已接入超过 1.2 亿台电网设备，逐步实现以数据驱动的智能电网规划、建设、运营。

（三）中国三峡：提供专业特色数据服务

中国三峡开展数字资产运营，提供数字基础资源、数字产品和数据服务，培育数字生态新业务。一是加快建设长江流域天空地一体化大数据综合服务平台，吸引相关方共同参与，面向全社会提供流域数据资源服务。二是利用终端智能和物联网等技术打破数据壁垒，实现信息全面感知，数据全环节贯通，数字技术与新能源业务设计、施工及运行深度融合，实现设计精细化，利用智能化设备提高数据采集效率和准确度，实现智能选型、优化布置，自动生成最佳设计方案，大幅提升设计效率，降低投资成本，有效提升企业数据经营与服务水平。

（四）中国核电：多平台联动核工业数据中心发展

中国核电加快推进数据基础设施建设，搭建数字化智能化分析平台，实现业务流程信息化向数据资源挖掘利用转变。一是构建核工业数据中心，形成统一的数字化转型底座，推动信息化建设、数字化转型从分散到集中、从集中到集成、从集成到智能的跨越式发展。二是上线"中核云"平台，提供基础资源共享服务，建成高性能计算集群，打造核能研发"最强大脑"。三是打造核电工业互联网平台，实现海量数据汇聚应用，推动了"核＋北斗"融合，构建核电时空信息"一张图"。以核电工业互联网平台为通用数字底座，有序推进"无人监控、少人值守"的智慧核电与数字铀矿山建设。

4.3.2　基于多重场景开展服务

（一）国家电网：根据不同对象提供多样个性化服务

国家电网针对服务应用方式，将服务对象划分为电网用户、电力行业用户、政府相关用户与一般企业用户，着眼满足共性需求，研究人工智能、区块链等技术在数据安全共享方面的应用，构建可共享、可流通、可交易的数据服务。一是针对电网用户突出抓好数据、业务、技术中台建设，实现跨业务数据互联互通、共享应用，通过核心业务共性内容的沉淀整合，提供企业级共享服务 900 余项，促进了各类业务运营和创新应用。二是针对电力行业用户，打造国内最大的能源电商平台，聚合产业链上下游资源，开展物资电商化采购，不断拓展平台功能，为客户提供低成本、优质高效的平台服务。三是针对联合政务单位、金融机构，打造"供应链金融（数融 e）""数据资源目录区块链"等产品，创设政务决策支撑平台，面向政务需求及能源、金融等行业提供可信数据服务，服务国家治理现代化。四是针对一般企业用户打造融合线上线下服务的"网上国网"平台，全面推行线上办电、交费、查询等 125 项业务功能，实现服务一个入口、客户一次注册、业务一网通办；平台累计注册用户数突破 1.26 亿，线上缴费 9.8 亿笔，金额 1400 亿元。

（二）南方电网：优化基于多平台的多领域服务

多领域、多元化需求具有"功能应用多样化、数据模型共享化"的特性。南方电网为匹配用户需求、合理高效利用存量资源需要优化前中后台组织架构，以"服务用户、获取市场"为关键的敏捷前台，以"资源共享、能力复用"为关键的高效中台，以"系统支持、全面保障"为关键的坚强后台，全方位提升用户体验。一是不断加强数字化软硬件建设工作，提供数据基础，建成南网云、底座式数据中心、全域物联网、人工智能平台、区块链平台等数字化基础平台，有效集中了全网计算、存储和数据资源，优化资源配置。二是构建集中、开放、共享、智能、安全的新一代数字技术服务体系，提供模型与业务流程共享。三是建设互联网统一客户服务平台，深化互联网服务应用，提供多元化一体式功能模块，实现智能电表和低压集抄"两覆盖"，提供精细化用电分析、停电主动告警和实时监测等服务。当前，南方电网用数字化手段打造的"顺易充"充电运营服务平台，已接入全国范围内的充电桩 69.2 万个。

（三）中国华能：建立跨界合作关系强化数字化服务

中国华能与华为公司建立长期合作伙伴关系，在工业互联网、云数据中心、智能光伏电站和智慧电厂等领域展开全面合作，共同打造开放创新、技术领先的智慧云平台。一是加强售配电及综合能源服务等领域的技术合作，共同推动关键基础设施网络安全建设，促进互联网、大数据、人工智能等数字技术和实体经济的深度融合。二是构建合作共赢数字化生态体系，加强产研合作，吸纳各方在市场、技术、知识、关系、资金、服务等方面资源，开展广泛的跨界联系，实现资源动态重组，打造生态运营平台，不断推进数字化生态建设，提高数字化服务水平。

（四）国家电投：着眼用户侧提供综合智慧能源服务

国家电投着力构建用户侧综合智慧能源服务，积极向智慧城镇、集群楼宇、产业园区及用能终端用户拓展，打造一批综合智慧能源示范项目。致力于打造"天枢云"生态，发展支撑智慧城市、美丽乡村建设数字化智能化技术，促进能源供需有效匹配的关键驱动。以用能客户和服务为中心，推动实现端到端的在线化、智能化云上能源服务，其中包括以能源网为基础，即链接供能方、用能方、国家电投能源体系服务，实现能源供需对接。

（五）中国电建：孵化新型数字化电力工程服务

中国电建自主研究 BIM 仿真平台系统，为电力工程数字化建设提供底层支撑，成功服务于数字横琴数字前海、数字雄安等工程，有效提升工程数字化水平，推动电力建筑业从产品建造向服务建造转型，通过"产品＋服务"方式，在建造过程中增加建筑产品的数字化衍生服务，围绕三场（市场、现场、内场）、三资（资源、资产、资本）、三链（价值链、产业链、供应链），创新驱动，打造网络互联、信息互通、资源共享、业务协同的数字化产品和服务，催生服务新业态。

4.3.3 构建绿色智慧物联体系

（一）国家电网：拓宽绿电物联网应用边界

国家电网依托海量设备资源、联系千家万户，通过接入各类边缘设备、感知设备及 5 亿只智能电表，构建分布广泛、快速反应的电力物联网。基于人工智能"两库一平台"和智能电表，实现了电网、设备与用户状态的动态采集、实时感知和在线监测，积极尝试电力"物联网＋区块链"的数据安全新模式，构建全要素智慧物联体系。车联网平台是智慧物联体系的重点应用场景之一，有助于合理规划电动汽车充电策略，助推城市能源治理。依托智慧物联体系，已建成全球规模最大的智慧车联网平台，累计接入充电桩 103 万个，为经营区域内 480 万辆电动汽车绿色出行提供便捷智能的充换电服务，实现"车—桩—网"高效协同的能源互动，助推电动汽车产业发展与城市能源治理。

（二）南方电网：发展绿电交易，助推两化协同

南方电网大力推进数字化、绿色化协同，以数字电网为关键载体，服务绿色智慧数字生态文明建设。一是以数字技术保障绿电市场高效、安全运营。采用云计算、微服务、人工智能等新技术，开发南方区域统一电力交易平台，全部功能实现云化、微服务化，实现绿电市场数据互通，打通与国家可再生能源信息管理中心的数据交互通道。当前已支撑南方区域 90% 的中长期电量在线交易，率先实现绿电交易零突破，累计超 32 亿 kW·h。二是提供绿电市场交易主体的辅助服务。研发"夸父"系统，为风电场、光伏电站、分布式光伏和调度

机构提供高精度、低成本、轻量化的短期、超短期和中期功率预测服务，实现高效率、低损耗的清洁能源与新能源利用。

（三）中国三峡：优化清洁能源在智慧物联体系中的输送与应用

中国三峡充分发挥清洁能源优势，开展高性能、绿色大数据中心建设，为清洁能源上下游产业提供数字基础设施保障，助力"新基建"。建成东岳庙绿色零碳数据中心，并借助此案例，将标准化软件产品化，应用于低碳绿色和生态环保产业，助力大兴机场、北京冬奥场馆等重大工程设计建设，绿色数字化成果对外输出能力不断加强，全产业绿色物联体系不断完善。

（四）国家电投：精益绿色能源数智供应链

国家电投与京东集团达成战略合作，为综合能源体系注入数智供应链优势能力。依托京东云技术，打造以三网融合为核心的数字化基础设施，连接县域综合能源及乡村振兴产业链，就物资采购、干线运输、安装运维、绿电供应、绿色交通、县域社群零售、金融及保险等业务场景展开深入合作，构建高效、稳定、绿色、低碳的能源保障体系，打造"基于低碳清洁能源的县域产业数智化发展服务"，提供具有价格优势的能源供给的同时，激发县域经济活力。

4.4 小　　结

注重顶层战略设计，以国家方案驱动数字化、智能化转型。国家能源局发布的《关于加快推进能源数字化智能化发展的若干意见》基于能源企业对数字化、智能化转型的迫切需求，推动数字化技术更好为能源产业全链条、各环节赋能，推动数据要素的充分流通、应用，协调能源企业上下游、行业间高效合作，鼓励自主创新，并促进成果工业化、产业化，引导能源企业完善顶层设计和企业全局性发展战略，以科学的观念、方法探索实践标准化建设、智能化生产、数字化运营、平台化发展、生态化协作、产业链协同六个方向。

注重底层数据支撑，统一数据底座，狠抓数据合规。为充分发挥数据作为高价值密度的生产要素的作用，人工智能、机器学习技术日益广泛应用于数据分析利用，同时，企业数据底座逐渐实现统一化、集成化、智能化。能源电力企业在数据采、传、存、用全过程中不断加大数据安全合规治理力度，面向数据生命周期各环节、业务全流程进行流程管控、风险监测，狠抓能源、数据、网络安全，高质、高效巩固数据安全防线、明确数据合规要求、完成数据协同共享、实现数据价值挖掘，稳步实现电网规划、建设、调度、运行、检修等全环节数字化管控。

注重产业自主创新，加快数字化技术突破，推动多元场景应用落地。能源电力行业作为重要工业门类，可提供大量丰富的应用场景，随着数字技术研发的快速推进，"云大物移智链边"技术不断发展成熟，数字化、智能化技术越来越广泛应用于电网建设、生产、运维的过程中，端侧无人化、少人化逐步成为现实。前沿数字化技术和能源技术深度融合，推进科技成果转化和产学研深度融合，能源电力企业的数字化转型不断加速，数字勘测、数字设计、数字建造、数字管控、数字交付的应用场景不断拓展。特别的，数字孪生实现了传统电网的赋能升级，加速了电网各项业务、要素的智能化、电子化、网络化、可视化。

更加清洁、低碳、环保、节能、安全的能源利用成为企业转型的趋势。在国家"双碳"目标、加快建设新型能源体系的背景下，能源电力企业作为国家支柱型企业，在致力于企业自身业务增质提效的同时，结合能源的稀缺性，更应有贯彻落实绿色协调可持续发展战略的责任感，在不断成熟的大数据技术和日益在线透明的全局数据支撑下，集成调控源、网、荷、储元素，应用"电力＋算力"支撑绿色能源供给体系，在安全利用能源全环节落实高标准、严要求。

侧重需求端，与科技企业深度合作，提高综合服务能力。能源电力企业日益注重建立高效、可靠、便捷、智慧的需求响应机制，全面提升用户体验，采取用户侧、需求端的视角，改进数字化平台、提升数字化技术水平，创新服务模式、提升服务质量。同时，为了满足用户日益增长的能源电力需求，进一步推动数字化创新，能源电力企业选择与华为、腾讯、京东等科技企业展开深度合作，实现协同创新发展、服务升级，构建现代能源电力服务体系。

（本章撰写人：贾雪枫　审核人：傅成程）

5

国外能源电力企业数字化转型

依据电力生产环节，类比分析英国国家电网（NGG）、德国意昂（E. ON）、意大利国家电力公司（ENEL）、美国杜克能源（DUK）等国外发电企业、电网企业、综合能源服务企业的数字化转型典型场景和具体案例。

5.1　发电企业数字化转型案例分析

国内外发电企业均在建设发电场域智能化、数字化中持续着力，发电工作向少人化、自动化不断推进，为实现发电全流程透明可监控、可追溯，在加强自身创新能力的同时，深化与科技互联网企业的专业合作。

5.1.1　意大利国家电力公司：实现自主工厂下的流程自主

意大利国家电力公司（ENEL）借助英国剑维（AVEVA）预测性维护软件，迈向流程自主性，实现自主工厂的愿景。新冠疫情时期，在转为居家办公的情况下，确保 ENEL 工厂的正常运转，生产、生活用电得到了充分保障。

自主工厂具有异常监测、故障监测、瞬态监测、全局规范的功能，有助于电力工厂进行自主监测。AVEVA 为 ENEL 提供的数字孪生技术帮助数字化平台将监测到的所有设备与预测性分析引擎相连接，上传、统计不同系统的数据实现全面数字化、智能化，有助于任何运维人员根据运营数据了解设备状况。同时，与华为合作，运用 POL 解决方案，ENEL 内部数字化转型需求得到满足，网络更加可靠、高效和节能。

5.1.2　美国通用电气：利用人工智能完成工作过程检测

美国通用电气（GE）成立人工智能公司，致力于利用数据分析、机器人和人工智能技术为油气、运输和能源行业等提供先进的检测服务。开展对用于炼油厂、工厂、铁路以及其他工业设施检测的自主无人机和机器人自动网络数据

"爬虫"的检测工作。在测试中,无人机和机器人能够在偏远或危险设施周围和内部移动,同时拍摄腐蚀环境或获取温度、振动等读数,实时传输数据将通过计算机算法和人工智能进行分析,运用数字化检测能源行业,尤其是发电领域的运作利于企业降本增效。

5.1.3 西班牙伊维尔德罗拉:区块链助力可再生能源运用

西班牙伊维尔德罗拉(Iberdrola)正在利用区块链技术追踪可再生能源,其技术平台实现实时监控可再生能源从两个风电厂和一家发电厂输送到位于巴斯克地区和南部城市科尔多瓦的银行办公室的过程。Iberdrola 使用了能源网络基金会的开源区块链平台,以期在试点项目中满足能源部门的监管、运营和市场需求。区块链等前沿数字技术可以改善、优化能源产地证书的签发流程,帮助客户了解所使用能源的来源。这一去中心化的解决方案无需中间商,能源产业的透明度得以增加,同时产业的运营开支得到削减。

5.2 电网企业数字化转型案例分析

与国外发电企业相同,电网企业同样注重运用"云大物移智链边"先进数字化技术开展业务及产品的革新。同时,电网企业也通过与多领域科技企业合作,探寻未来电力企业发展的无限可能性。

5.2.1 英国国家电网:多场景运用人工智能

英国国家电网(NGG)与英国深度人工智能(DeepMind)联合宣布计划将人工智能技术添加到英国的电力系统中,该项目处理天气预报、互联网搜索等海量信息,以开发电力需求激增的预测模型。此外,英国国家电网应用微软人工智能机器学习算法来优化自己的"植被管理"修剪计划,旨在防止火灾和其他灾难的发生;利用地理空间技术与人工智能相结合,围绕如何维护海底电缆以及制定投资策略做出正确决策；积极探索如何通过部署机器学习算法从而更好地管理电涌期间发生的停电故障，计划开拓电池技术实现电力平衡；投资美国卫星分析公司（AI Dash），运用机器学习算法了解卫星图像；投资美国奥普瑞（Aperio）公司，利用来自监测关键基础设施的传感器的数据，了解网络攻击或退化造成的数据丢失。

5.2.2 芬兰富腾：合作科技企业建设智慧能源系统

芬兰富腾（Fortum）在智能能源领域进行了多项投资，旨在推动能源系统的数字化、智能化转型。与芬兰网络雷达（Netradar）合作，利用 Netradar 的移动网络质量测量技术，对能源系统进行监控和控制，提高能源系统的效率和可靠性。除此之外，芬兰富腾还与多家科技公司合作，开发新的智能能源解决方案。通过与芬兰信息技术公司（Smar.fi）合作，利用人工智能和大数据技术，实现了对电网的实时监控和控制，可以更好地适应能源系统的变化和需求。

5.2.3 法国施耐德电气：构建未来电网蓝图

法国施耐德电气（Schneider Electric）构思面向"未来电网"的覆盖项目全生命周期的创新解决方案：一是为电气系统搭建覆盖全生命周期的虚拟模型，提供全面分析以提高系统生产力、协作能力和效率的电力电气分析、电能管理的综合一体化数字孪生平台（EPTA）；二是实现绿色可持续、开发适用于大多数能源密集型和关键基础设施项目的无六氟化硫（SF_6-free）中压开关设备；三是采用并推广数字原生设计、绿色低碳、性能更优的新一代中压智能真空断路器（EvoPact HVX）；四是通过应用交流塑壳断路器（ComPacT NSX HB3 1150V）、微型断路器（Acti9 DC），提高发电环节的可靠性与承载力，打造更绿色低碳的光伏储能解决方案；五是运用出厂即自带数字化基因、打造简单纯粹数字化体验的预智低压成套设备数字盘柜；六是开展覆盖项目全生命周期、帮助电气资产安全运营与延寿焕新的配电咨询服务（MPS），以及适配改造服务（EcoFit™）。

5.3 综合能源服务数字化转型案例分析

对于不同的国外能源电力企业，以绿色清洁能源为基础，致力于可持续发展的能源服务数字化目标基本一致，但其综合能源服务的解决方案常因地制宜、因企而异。同时，与国内能源电力企业相似，服务数字化转型的案例数量多、种类丰富、专业化程度高。

5.3.1 德国意昂：大力推进共享充电桩服务

德国意昂（E.ON）与物联网平台企业（Slock.it）建立伙伴关系，推出基于区块链的电动汽车点对点充电项目。用户无需与电力公司签订任何供电合同，只需在智能手机上安装应用软件（Share&Charge），并完成用户验证，即可在广布欧洲的充电桩上进行充电，电价由后台程序自动根据当时与当地的电网负荷情况实时确定。采用区块链技术，充电和电价优化过程实现完全可追溯、可查询，用户信任成本得到极大降低，电力用户对服务的满意度、体验感同时提升。

5.3.2 迪拜水电局：利用 ChatGPT 丰富公用事业

迪拜水电局（Dewa）着力利用微软支持的 ChatGPT 技术来丰富其服务，成为全球首家使用这项生成式人工智能新技术的公用事业公司、阿联酋政府实体。这项举措对迪拜水电局在当地和全球提升领导力有极大利好。使用智能算法的 ChatGPT 以其通过对话与用户交互的卓越能力、学习和理解人类需求和查询的高级能力而闻名，可通过文本输出、编程代码编写来解决实际问题、创建不同的场景，为用户提供个性化、多种多样、便捷高效的服务。

5.3.3 美国杜克能源：应用清洁能源开展智能服务

美国杜克能源（DUK）与美国亚马逊云服务（AWS）签订协议展开多年战略合作。DUK 将基于 AWS 构建、扩展新的智能软件、服务，帮助预测未来的能源需求，并确定在哪里以及如何更新产品及服务，在极短的时间内运行数以亿计次的电力流计算。同时，杜克能源正在执行一项积极的清洁能源战略，更加可靠而富有弹性地连接越来越多的可再生能源，为其用户和社区未来创造更智能的能源供应，为大量采用电动汽车做好准备，将客户的承受能力放在首位。

5.4 小 结

企业管理、架构、体系层面的数字化转型实践较少，更侧重于数据要素的把握、数字技术的革新。国外，尤其是北欧能源电力企业的数字化转型起步较早，企业内部的架构、管理模式、发展体系都已经基本定型，在数字化转型方面更加注重对海量数据价值的挖掘、企业生产运营中的数字化实践的革新。其中，多国多家企业持续建设数据中心，兼顾数量和质量；与高科技、互联网企业合作联动，紧紧跟随科技领域革新的脚步，推动大语言模型（ChatGPT）、数字孪生等最前沿数字化技术与能源电力行业的融合。

数据、隐私、网络安全在能源电力数字化转型中的地位日益重要。欧洲能源部门发布联合声明，为了实现数据交换、访问在安全的环境下进行，数据分类方案、数据合规机制、明确的数据责任主体、相应的政策措施激励是不可或缺的。而随着能源电力企业越来越信任并广泛地应用数字化技术，为减少数字化技术、数据要素在隐私泄露、安全受损等方面的潜在风险，对技术本身的监管框架也在日趋成熟。

数据、算力和算法正在成为数字化转型推动构建新型能源体系的重要途

径。各国能源电力企业越发重视数据价值，均在加强新一代人工智能技术和电力电子技术的融合发展，建设数据基础设施以大幅提升算力，增益算法效果，增加可再生能源的利用率。同时，电力企业和互联网巨头的合作日益密切，持续提升服务质量，助力企业精细化管理。

（本章撰写人：贾雪枫　审核人：袁嘉琪）

专题篇

6

能源电力企业数字化
转型成熟度评估

在 2022 年数字化转型成熟度评估指标体系基础上，结合进一步成熟的双环四维理论模型，兼顾能源电力企业数字化转型现状，细化丰富针对能源电力企业基础设施支撑能力、产业数字化、数字产业化、创新创造能力、产业带动能力的数字化评估维度，进一步迭代升级，围绕能源电力企业研、产、供、储、销全环节补充评估维度。在全面、立体关注能源电力行业进而建立数字化转型成熟度评估指标体系的同时，重点考虑电网气候弹性、安全韧性、调节柔性等建设需求，增强对电网转型的实际指导作用，为电网企业找定位、补短板、抓重点提供决策支撑。

6.1 能源电力企业数字化转型成熟度评估指标体系

6.1.1 能源电力企业数字化转型成熟度评估思路

（一）以能源电力企业数字化转型现状为背景

本年度能源电力企业数字化转型成熟度评估模型在往年评估模型的基础上，结合宏观层面国家政策、顶层设计、整体数字化转型情况，以及微观层面能源电力企业在管理体系、生产经营、数字技术、数据要素方面的现实状况作为建模的基础，对模型指标体系进行补充调整。

随着我国网络基础设施由跟跑到领跑、算力基础设施从分散到统筹，"东数西算"实现新进展，信息化发展基础本身占优势的能源电力企业在新型基础设施支撑能力方面实现整体性提升，能源电力企业的核心设备联网率呈现普遍性高水平，有云上部署需求的业务信息系统也基本完成"应上云尽上云"。此外，在强化数字技术创新体系、数字安全屏障两大能力的严格要求下，能源电力企业的技术突破与创新不断加强，涉及数字化转型的发明专利实现突破性增长的同时，企业的数字平台、数据中台逐步完善，网络、业务、数据安全防线也不断巩固，一系列创新技术开发与运用离不开具有高数字素养的人才队伍建设日渐壮大，在良性循环中，能源电力企业的管理体系建设日趋完整。

（二）以能源电力企业生产经营全环节为维度

往年的评估模型更侧重于从纵向的企业架构组成部分，如战略组织、经营管理、数字技术、数据要素方面，而本年度的评估指标设计则重点聚焦横向的生产经营过程，在研、产、供、储、销全环节进行数字产业化及产业数字化评估，特别地，"销"同时包含产品的销出以及服务的销出，最终实现评估模型全环节全面贯通。

本年度的评估指标都离不开能源电力生产经营的全环节。产业数字化的程度体现于企业生产经营全环节联网、录入数字化系统进行线上、平台化管理的便利程度。除了生产经营全环节单独一部分的数字化管理和监管水平，各环节之间的协同、一体化在数字平台实现统一管理的紧密联合度也是重要的产业数字化评估系数。而数字产业化的水平表现于企业生产经营全环节数据部署上云、进入企业数据中心，贯彻采、传、存、用全生命周期的完备程度。创新创造力和产业带动能力两个指标则从更宏观的角度，将生产经营全环节作为一个整体评估，体现能源电力企业数字化转型的成熟度。

（三）以能源电力行业产业链普遍适用为目标

相较于往年的数字化转型成熟度评估，或在不涉及行业和企业的特殊性而保证通用性，或聚焦于电力企业，特别是电网企业而体现针对性，本年度评估模型兼顾能源电力产业链上的电力、石油、煤炭企业，打通壁垒，以已有成熟度评估模型仍适用于当前产业链的部分为出发点，以全面覆盖整个能源电力行业为落脚点。

本年度所构建的评估模型注重普适性，目标构建适用于全能源电力行业的数字化转型成熟度标准；同时，兼顾不同能源行业的生产经营特色，在保证体现产业链上细分领域的特殊性的同时，把握能源行业共性，强化跨领域融合应用，构建统一化、标准化的行业级能源电力企业数字化转型成熟度评估模型，相较于往年对整个能源电力行业的参考价值得到提高、指导作用有所加强。

6.1.2 能源电力企业数字化转型成熟度评估模型构建

本节在"四维"方向的基础上，选取可衡量能源电力企业数字化转型成熟度的简明、可量化、兼顾一般性与特殊性的指数构建模型，从而满足能源电力企业定位当前数字化转型所处阶段，以完成更全面、完备的数字化转型的需求。

（一）设计原则

本年度能源电力企业数字化转型成熟度评估指数的设计思路遵循如下四点原则。

一是系统性。将整个能源电力行业作为一个层级分明、结构完整、运行良好的系统来进行评估，考虑系统整体与行业要素的关系，同时也统筹各行业要素之间的关系。指数选择既要立足能源电力行业系统整体成熟度的全局，又要抓稳各行业要素自身成熟度的关键点。

二是可扩展性。数字化转型的成熟度评估标准，随着时代的演进更替不断发生着迭代变化。这种变化强调了评估指数的即时性，要求其能够灵活适应时代潮流的变迁，并根据不同形势作出动态调整。在当前数字化浪潮汹涌澎湃的背景下，能源电力企业的数字化转型更是展现出了日益显著的时效特征，使得企业必须紧跟时代步伐，不断调整和优化自身的数字化转型策略，以应对市场的快速变化和挑战。因此，构建成熟度模型亟须与时俱进、灵活变通的可扩展性。

三是协调性。能源电力企业的数字化转型不能仅关注某一具体环节的成熟度，顾全各环节之间的配合默契程度、联系紧密程度有助于产业链上下游协作共同发展。

四是重点性。能源电力企业的数字化转型在细分领域呈现越来越多样化、个性化的特点，其辐射总体范围的广度、下沉具体方面的深度都有所提升。在总览能源电力企业数字化转型的各细分方向后，本节选择最核心的重点维度纳入指标体系。

（二）指数构建

从基础设施支撑能力、产业数字化、数字产业化、创新创造能力、产业带动能力五个维度构建数字化转型成熟度评估指数，研究团队重点性地设计了新型基础设施支撑能力系数、全环节产业数字化系数、全环节数字产业化系数、创新创造能力系数、产业带动能力系数五个指标来进行评价，即

$$\omega = \omega_1 + \omega_2 + \omega_3 + \omega_4 + \omega_5$$

式中　ω——数字化转型成熟度评估指数；

ω_1——新型基础设施支撑能力系数；

ω_2——全环节产业数字化系数；

ω_3——全环节数字产业化系数；

ω_4——创新创造能力系数；

ω_5——产业带动能力系数。

1. 指标选取

（1）新型基础设施支撑能力系数。

2023 年 2 月，中共中央、国务院印发的《数字中国建设整体布局规划》从顶层设计层面出台规划，明确提出要打通数字基础设施大动脉，系统优化算力基础设施布局。本年度在能源电力企业的数字化转型成熟度评估中，新型基础设施的建设完善程度仍然是重要的衡量指标，考虑能源行业的重资产特性，在硬件层面关注产、供、储、销中重要数字化、智能化基础设备的建设水平；同时，本年度将采用范围更广的基础设施定义，在软件层面关注企业基础业务的线上化情况；选取**数字化设备建造系数**、**基础业务线上化系数**两个指标评估能源电力企业的新型基础设施支撑能力。

新型基础设施支撑能力系数

$= \beta_1 \times$（数字化设备建造系数＋基础业务线上化系数）

其中，**数字化设备建造系数**用以衡量在能源电力企业生产经营数字化转型中具有代表性的智能基础设施情况；而**基础业务线上化系数**用以衡量企业管理体系中的关键业务实现高质高效线上化处理的程度；β_1表示新型基础设施支撑能力系数在总指数中的贡献分量。

（2）全环节产业数字化系数。

产业数字化是传统产业利用数字技术对业务进行升级，进而提升生产的数量以及效率的过程。在能源电力企业的传统业务中，生产经营产、供、储、销全环节是重中之重。选取**各环节业务数字化系数**及**环节间数字化关联度**两个指标评估能源电力企业的全环节产业数字化。

全环节产业数字化系数

$=\beta_2\times$（各环节业务数字化系数＋环节间数字化关联度）

其中，**各环节业务数字化系数**是指在数字化平台实现产、供、储、销各环节的业务运行、管理、监督的情况；而**环节间数字化关联度**则是指生产经营中的产、供、储、销之间实现数字化关联，从而实现上下游影响互通的程度；β_2表示全环节产业数字化系数在总指数中的贡献分量。

（3）全环节数字产业化系数。

数字产业化与产业数字化在某种程度上是供与需的关系，数字产业化更侧重于数字要素供给。在能源电力企业，数字化转型建立在数据的准确采集、高效传输和安全可靠利用的基础上，而这一要求贯彻数据采、传、存、用的全生命周期。因此，选取数据中心、企业数字化平台中全生命周期数据在生产经营全环节中的应用情况作为**全环节数字产业化系数**的基础变量。

全环节数字产业化系数

$=\beta_3\times$（全生命周期数据应用度＋数字化平台复用系数）

其中，**全生命周期数据应用度**用于衡量数据采、传、存、用全生命周期是否贯彻在企业的生产经营全环节中；**数字化平台复用系数**用于衡量以数据为基

81

础的数字化平台在企业生产经营活动中的使用频率；β_3表示全环节数字产业化系数在总指数中的贡献分量。

（4）创新创造能力系数。

在创新驱动经济社会高质量发展的过程中，科技创新是关键，科技创新关键在于科技成果转化。在能源电力行业，科技成果的转化多体现在实用专利获得授权，而基于能源电力企业技术密集型的本质特征，不同企业实用专利的极差相对较小，且能源电力行业中年度获得授权专利最多的企业也展现出最活跃的创新创造能力，因此，选取**年度获授权专利数量**与**年度获授权专利数量最大值**，可以衡量能源电力企业的科技成果转化程度，展示其创新创造能力。

$$创新创造能力系数 = \beta_4 \times \frac{年度获授权专利数量}{年度获授权专利数量最大值}$$

其中，β_4表示创新创造能力系数在总指数中的贡献分量。

（5）产业带动能力系数。

本年度成熟度评估模型复用"产业带动能力系数"，即反映企业持续带动生态伙伴价值创造、依托数字化发展形成"命运共同体"的能力系数，选取产业带动能力系数衡量能源电力企业数字化转型中拉动上游、服务下游、与同游良性合作竞争三方面的能力，反映能源电力行业中各个企业数字化转型对价值链上能源互联网络生态的价值创造水平。本年度主要选择生产经营全环节中的平台类数字化业务。

$$产业带动能力系数$$
$$= \beta_5 \times （拉动上游系数 + 服务下游系数 + 与同游良性合作竞争系数）$$

其中，**拉动上游系数、服务下游系数、与同游良性合作竞争系数**均可体现于某一企业在生态链中与其他企业的互动互助水平；β_5表示创新创造能力系数在总指数中的贡献分量。

2. 指标计算

指标计算见表 6-1。

表 6-1　　　　　　　　　指　标　计　算

一级指标	二级指标	最大值	最小值	说　　明
新型基础设施支撑能力系数	数字化设备建造系数	10	0	生产经营数字化转型具有代表性的智能基础设施全部建造完善为理想状态
	基础业务线上化系数	10	0	企业管理体系关键业务全部实现高质高效线上化处理为理想状态
全环节产业数字化系数	各环节业务数字化系数	10	0	生产经营产、供、储、销业务全部实现数字化运行、管理、监督为理想状态
	环节间数字化关联度	10	0	生产经营产供、供储、储销环节间全部实现数字化关联为理想状态
全环节数字产业化系数	全生命周期数据应用度	10	0	数据的采、传、存、用贯彻于生产经营产、供、储、销环节为理想状态
	数字化平台复用系数	10	0	数字化平台复用最频繁的企业系数为最大值 10，进行比较计算
创新创造能力系数	创新创造能力系数	20	0	年度获授权专利数量最多企业系数为最大值 20，进行比较计算
产业带动能力系数	产业带动能力系数	20	0	在拉动上游、服务下游、与同游良性合作竞争表现最佳的企业系数为最大值 20，进行比较计算

3. 指标细化

基础业务线上化系数这一指标的分行业特色不突出，因此进行统一的指标细化以应用于全部能源电力企业。从泛化的新型基础设施定义出发，能源电力企业的基础业务主要涵盖发展布局、综合调控、文化建设、财务管理、人力资源、物质资源六个方面。

针对其他模型指标，则结合不同细分行业能源电力企业特点，对转型成熟度指标进一步进行电力、石油、煤炭分行业细化。

（1）电力行业。

结合电力行业特点，对二级指标进行细化。

一是数字化设备建造系数，核心设备包括分布式光伏电站、并网设施、特高压设备、柔性输电设施、智能变电站、微电网、用电信息采集设备（智能电表）、智能线路开关八类。

二是各环节业务数字化系数，在全环节综合考虑电力企业的源网荷储、发输变配、调度通信，以及用电售电情况，并结合考虑企业发电、电网业务侧重的不同。

（2）石油行业。

结合石油行业特点，对二级指标进行细化。

一是数字化设备建造系数，核心设备主要可分为油井、集输管道、加工设备三类。

二是各环节业务数字化系数，在生产环节综合考虑勘探、钻井、油藏工程、油气开发、生产装备的数字化情况，而供应环节关注调度、控制、监测三方面。

（3）煤炭行业。

结合煤炭行业特点，对二级指标进行细化。

一是数字化设备建造系数，核心设备分布于采煤、运输、掘进、机电、排水、通风六大系统。

二是各环节业务数字化系数，在生产环节综合考虑勘探、建井、采掘、洗选的数字化情况，而供应环节关注调度、控制、监测三方面。

6.2 能源电力企业数字化转型成熟度评估应用实践

基于上述本年度企业数字化转型成熟度评估模型，依托北极星电力门户网站、国际石油网、国际煤炭网、国家知识产权局专利公开信息，检索与企业数字化转型成熟度评估维度相关的文本信息与数据，通过定性、定量相结合的方法对收集信息进行评估，判断信息与企业数字化转型成熟度评估维度的匹配程度，根据行业特色三级指标进一步细化评估赋分，再通过引入参数将赋分标准化，从而实现对电力、石油、煤炭三大能源行业企业的数字化转型成熟度统一评估实践。

6.2.1　电力行业数字化转型成熟度评估

基于本年度企业数字化转型成熟度评估模型，结合定性与定量方法，综合电力行业资讯动态、多家企业专利数量情况，得出电力行业在 5 个一级指标评估维度上的具体分值，评估结果雷达图如图 6-1 所示。

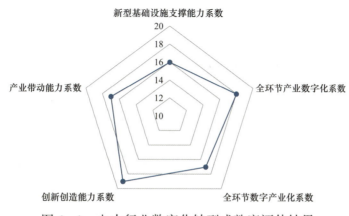

图 6-1　电力行业数字化转型成熟度评估结果

本年度电力行业的数字化转型成熟度情况可以概括为以下三个方面。

电力行业数字化转型注重提升创新创造能力。由国家知识产权局公示的企业专利数量、专利覆盖领域，足可见无论更侧重发电业务或是电网业务，电力企业根据自身特点，紧随行业趋势，逐渐将数字化落实到其生产经营源、网、荷、储全环节。鼓励并激励发明创造、培养并尊重专业人才、培育并弘扬创新风气为电力行业的数字化创新创造水平注入源源不断的活力。从公司总部到下属研究院，再到各地区细分单位，与前沿科技协同发展、与时俱进、因地制宜的数字化创新创造设施、设备、产品为电力行业降本提质增效做出卓越贡献。

电力行业新型基础设施建设有待加强。电力行业是国家关键的基础性能源行业，而新型基础设施的建设是电力行业数字化、智能化的基石。整体来看，电力行业在新型基础设施建设方面的投入较大、成果较多，但随着日新月异的互联网技术变革，对能源行业数字化转型的质量、深度也提出更高的需求。从细分领域来看，对比变配用电环节，发电输电环节的新型基础设施建设更加完备；对比发电企业，电网企业在新型基础设施的建设投入更大、涉及业务范围更广；对比发展布局、综合调控、财务管理、物资管理，电力行业整体在人力资源、文化建设方面的数字化基础设施建设较弱。"双碳"背景下，绿色清洁能源的应用亟待推广，覆盖全国各地的分布式光伏电站等新能源发电基础设施及相应柔性输电设备、特高压设备、并网设施基本实现与数字化信息管理系统相连接。电网企业布局微电网、智能变电站、智能线路开关、用电信息采集等变电、配电、用电数字化设施较为成熟，相较之下，发电企业在上述环节中的新型基础设施建设较弱。在人力资源、文化建设方面的新型基础设施创建中，电力行业只完成较为基础的人才招聘信息平台、数字化学习平台建设，有待开拓其他数字化渠道，进行更全面、立体化、智能化、高质高效的线上化基础业务运行。

电力行业全环节产业数字化水平优于数字产业化。整体看来，本年度电力企业在产业数字化、数字产业化方面表现俱佳，虚拟电厂、智能调度巡检运维监控、共享服务平台、源网荷储全环节仿真平台、能源大数据平台建设不断深入。但对比之下，以侧重"源荷互动"的虚拟电厂为代表的电力基础产业数字化水平仍旧略高于以生产经营数据实现数字化平台采、传、存、用为代表的电力数字产业化水平，这一点同时体现在具体转化的数量、质量之中。究其原因，传统业务的数字化转型经历了更漫长的时间检验；但随着生成式人工智能异军突起，现有电力行业生产经营全环节的信息进入数字化、智慧化系统，并在人工智能日益精进的算力帮助下指导未来生产经营的模式已成为大势所趋。总体来看，电力行业的产业数字化、数字产业化的创新设施、设备、产品数量和质量在整体能源领域中呈现领先优势，生产经营的产、供、储、销数字化联系紧密，数字化平台复用频率高。

6.2.2　石油行业数字化转型成熟度评估

图6-2展示了本年度石油行业数字化转型成熟度评估结果，与整体趋于五边形的电力行业不同，石油行业在产业带动方面表现较为突出，在其他4个一级指标评估维度上都有较大进步空间。

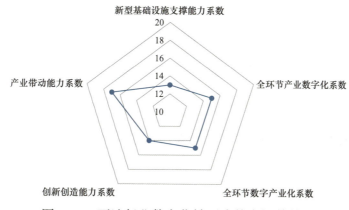

图6-2　石油行业数字化转型成熟度评估结果

本年度石油行业的数字化转型成熟度情况可以概括为以下三个方面。

石油行业拉动上游、服务下游、与同游良性竞争合作形式多、能力强。石油领域受到自然条件约束苛刻，因此在全产业链找到合作伙伴、发挥自身优势、取长补短是关键。本年度石油行业整体着力于拉动上游业务数字化、合作伙伴关系维系、原材料进口、原材料运输渠道拓宽、数字化技术支持、人才引进，推进下游商业模式拓展、产品推广渠道拓宽，携手同游不断加深石油领域产学研用探索、突破，充分发挥数字化、智能化要素价值，带动产业链一体化发展。

石油行业数字化设备建造按企业自身特色呈现不同侧重。新型基础设施建设中，石油行业整体表现较稳健，数字化业务平台发展较为成熟。在数字化设备建造方面，石油与石化企业呈现出油井、集输管道、加工设备的不同侧重，石油企业更加注重智能勘探、产油、供油系统的发展，石化企业则更加注重探索智能集输管道运维、智能化加工设备的路径。

石油行业生产经营环节的产业数字化及数字产业化中侧重产供储。石油企业倾向于与下游企业合作销售与应用，而在生产经营全环节数字化更加趋向注重生产、供应运输、储存能源，全厂智能化、数字园区、数智办公、大数据中心、知识图谱等数字化手段助力石油行业在生产运营方面的精益化管理，有效降低生产风险，提高资源利用率。产供、供储之间的数字化联系更为紧密，与销出环节的联系有待加强。此外，对比业务管理、业务监督方面，石油行业更注重生产经营全环节中业务运行的数字化。生产经营全环节产生的数据贯彻采、传、存、用全生命流程，数据价值得以释放。

6.2.3　煤炭行业数字化转型成熟度评估

图6-3展示了本年度煤炭行业数字化转型成熟度评估结果，对比电力、石油行业，煤炭行业的雷达图覆盖范围有所收缩。

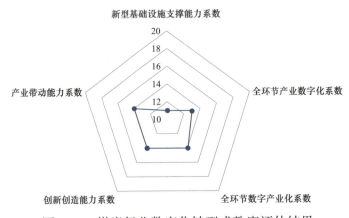

图6-3　煤炭行业数字化转型成熟度评估结果

本年度煤炭行业的数字化转型成熟度情况可以概括为以下四个方面。

煤炭行业主要通过与科技创新企业合作进行基础业务线上化转型。煤炭企业比起自建团队进行财务管理、人力资源与物质资源的配置优化，更倾向于与有较为成熟技术的科技创新企业合作，应用已建设完备的第三方成熟云平台或与科技创新企业协同开发数字化产品进行应用。与蓝凌合作推进合同管理信息化项目、与金蝶合作共建数字化智能化采供共享服务平台、与华为合作搭建煤炭工业互联网……煤炭行业倾向于通过合作应用前沿技术，充分利用现有资源，弥补自身短板，实现能力范围内的效益最大化。

煤炭行业更加注重对下游行业的推动。对比拉动上游、与同游良性合作竞争，煤炭行业倾向于在统筹创新链、价值链、产业链、人才链信息，在优化资源配置的基础上，更好地为下游行业提供服务，通过打通"煤－电－化－新"全链条，注重链条各节点紧密相连，完善多方合作、协同进步的全产业合作模式。此外，煤炭行业在带动下游行业发展时兼顾软实力和硬实力的提升，既通过建设工业互联网延展行业产业链，又与数字媒体携手打造企业融媒体中心，从而强化综合竞争力。

煤炭行业聚焦生产环节的产业数字化与数字产业化转型。在生产经营产、供、储、销全环节中，煤炭行业尤其注重"产"，智慧矿山的建设更是重中之重。智慧矿山建设的推进驱动煤炭行业生产制造过程透明化、数据可追溯、业务协同化、管理可视化，充分发挥"煤－电－化－新"一体化产业发展优势。随着智慧矿山推动煤炭行业生产无人化、少人化，潜在安全隐患数量降低，煤炭行业可持续发展能力提升。此外，煤炭云数据中心对全生命周期数据的采、传、存、用助力煤炭行业稳步实现智能化生产、运维、调度、运营、服务。

煤炭行业的创新创造能力两极分化严重。在产业数字化与数字产业化情况差距不大的情况下，煤炭行业中的不同企业却出现创新创造能力上的差异。国家知识产权局的专利数据库显示，尽管本年度煤炭行业整体发明创造专利数量、质量均优，但专利来源单一，倾斜情况严重，不同企业之间差距极大。创新创造能力上的两极分化可见煤炭行业内部创新创造的相互带动能力有待提高，创新创造能力极强的企业应在维持自身发展活力的同时，带动能力稍弱企业一齐创新。

6.2.4　电力、石油和煤炭行业数字化转型成熟度对比评估

电力、石油和煤炭行业的数字化转型成熟度在 5 个一级指标评估维度上的对比结果如图 6-4 所示。经过对比分析，总体而言，电力行业开展数字化转型成熟度最高，其次是石油行业，煤炭行业的转型成熟度相较之下最低。

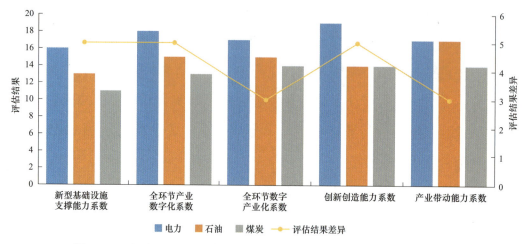

图 6-4　电力、石油、煤炭行业数字化转型成熟度对比评估结果

总体来看，新型基础设施的支撑能力是三大能源行业均亟待加强的方面；在新型基础设施支撑能力、创新创造能力、全环节产业数字化 3 个一级指标评估维度上，三大能源行业极差最为明显；产业带动、全环节数字产业化方面，不同行业呈现出不同的优势与特色。

新型基础设施支撑能力维度上，相较于石油和煤炭行业，电力行业数字化设备建造相关指标和评估维度划分更细、涉及内容更多，因此从量化角度实现生产经营全环节覆盖最为困难，但电力行业仍在分布式新能源发电、柔性输电、智慧变配电、高效采集用电信息、提供用电服务的硬性新型基础设施建设中不断发力，拓宽了新型基础设施建设的地域范围、发展了新型基础设施建设的多样性。在硬性新型基础设施建设较好的情况下，电力行业在文化建设业务线上化的软性新型基础设施方面有所欠缺，各企业之间也呈现出创新活力的差

别。对比而言，石油行业在企业文化品牌建设数字化平台、数字媒体创新形式载体的软性新型基础设施建设值得全能源行业学习借鉴。但就整体软性新型基础设施建设而言，在财务管理、人力资源培育、物质资源配置方面，电力行业的设施建设与科技发展同步而行，又根据企业自身特点形成细节上不尽相同的体系。石油行业和煤炭行业的数字化设施建造基本聚焦于"智慧油田"及"智慧矿山"两方面，相比之下，煤炭行业的硬性新型基础设施起步较晚，建设成熟度稍弱，但发展速度较快。此外，发展布局、综合调控基础业务线上化三级评估维度上，电力行业处于较为领先的位置，但石油行业与煤炭行业也根据自身发展情况逐步完善这一领域软性基础设施的数字化搭建。

全环节产业数字化维度上，由于能源行业传统生产运输环节的风险性较高、难度较大，三大能源行业都以发展无人化、少人化生产运输，搭载智能业务运行、管理、监督控制系统，研究人工智能、物联网技术等多种形式进行数字化转型。电力行业兼顾产、供、储、销的每一阶段，并注重数字化技术的复用及生产经营各环节的数字化衔接，由于电力行业传统产业数字化转型历史较长，产业数字化基础较优，在源网荷储一体化及独立各环节不断实现数字化机制与模式革新，本年度注重新能源发电的灵活负荷，以智能空调、共享充电桩、电力驱动汽车、5G 基站为代表的负荷载体不断革新，电力资源的柔性配置能力持续加强。石油行业则重点关注产、供、储三个环节的数字化，在智慧油田建设中格外注重油气资源的数字化勘探、识别，此外，数字化协同工厂运行、线上化设施设备运维管控、智能化输送管道建设也是石油行业进行产业数字化转型的重要举措。尽管销出环节相对薄弱，石油行业领头企业仍在加快转型成为"油气氢电服"一体的综合能源服务商。煤炭行业的企业数字化转型重点聚焦生产这一环节，与华为、百度等新兴科技企业合作探索安全生产巡检、风险监测预警、智能综合管控一体化发展路径，助力煤炭行业智慧矿山的建成，此外，尽管供储销环节相比生产环节的产业数字化水平较低，但煤炭行业仍为联通产销、打造完善智能供应储运系统而进行了探索。

全环节数字产业化维度上，电力行业打造能源电力通用数据底座，通过将全生命周期数据的采、传、存、用贯彻到生产经营的全环节中，将数据中台与多样化实际业务结合起来，实现数据驱动生产管理、综合分析、决策支持，释放数据价值，赋能源网荷储。发电侧数据在线收发、采集存储、建模分析，输变配环节数据通过中台、量测中心、调控云平台等数字化媒介实现共享，能源流与信息流从而得到整合。在销出环节，新型电力负荷管理系统、网荷互动的虚拟电厂、分布式源荷聚合服务平台的应用反映电力行业在产业链末端的数字产业化现状。此外，由于智慧油田、智慧矿山是能源行业数字化转型过程中的产物，从建设开始就将产业数字化与数字产业化紧密联系在一起。石油行业的中控系统、工业互联网、云平台的实时数据处理助推石油数据资源向数据资产转化。煤炭行业的智慧园区工厂、云数据中心、智能生产数据平台通过基础数据管理、跟踪分析、自动统计、指标评价实现问题解决方案的智能化生成，目前多用于生产单一环节。

创新创造能力维度上，在三大能源行业中，电力行业展现出最强劲的活力，知识产权专利数量最多，涉及细分领域最广，分布在不同地区的电力企业根据气候、地形等因素进行创新创造，为数字化转型提出因地制宜的方案；但本年度电力行业内创新创造能力系数的极差较大，即知识产权专利数量最多的企业与最少的企业之间的差值较大，但单独企业的创新创造能力虽然在电力行业整体纵向比较中较弱，放眼于整体能源行业横向比较仍较为强势，一般而言，与其他行业的企业在知识产权专利数量上仍显优势。相比之下，石油行业和煤炭行业知识产权专利数量总值较小，但石油行业内各企业间创新创造能力较为平均，行业内形成较为良性创新创造竞争与合作；而煤炭行业内各企业间创新创造能力差距极大，创新创造能力最强的单独企业的知识产权专利数量对标整体能源行业仍处于领先地位，但其他企业的创新创造能力均较弱，亟须行业内部进行互助带动。

产业带动能力维度上，三大能源行业各有优势与特色。在拉动上游产业方面，电力、石油、煤炭行业积极寻求资源与生产咨询渠道，为绿色能源数字化生产转型提供路径；与高校合作完善产学研链条，在理论学术研究、人才互通培养方面为企业的数字化经营转型奠定基础。在带动下游产业方面，电力行业为政府、企业、个人提供个性化定制化的产品服务；石油行业拓展海外业务、建立良好国内外数字化合作关系，同时探索新型石油商业模式；煤炭行业为实现数智营销，打造销售共享服务平台，从贸易主导合作模式向配煤主导合作模式转型。在与同游进行良性竞争与合作方面，三大能源行业与绿色能源企业合作共促数字化可持续发展；与高校合作共建实验室，实现数字化技术的校企联合协同开发，数字化能源技术发展提速；与国内顶尖的科技创新企业合作，采用其先进平台、技术，双方共享资源、数据，形成传统能源行业与新兴科技行业的良性互动循环。

6.3 小　　结

本节综合考虑多重企业数字化转型维度，在对比研究三大能源行业的新型基础设施支撑能力、全环节产业数字化水平、全环节数字产业化水平、创新创造能力、产业带动能力评估维度的联系与区别的基础上进行总结。

三大能源行业均需加强新型基础设施建设。新型基础设施是传统能源行业发展的根基。在已经地域覆盖较广、技术更新较快的已有基础设施之上，三大能源行业均应继续加大新型基础设施建设资金投入，拓宽新型基础设施的分布广度、组建基础设施建设专业人才团队，不断加强自身能力，满足日益提升的新型基础设施需求。

石油行业及煤炭行业的产业数字化与数字产业化应向电力行业看齐，在生产经营产、供、储、销全环节发力。在全生产经营过程的数字化转型方面，电力行业源网荷储各环节的产业数字化、数字产业化水平均较高，而石油行业、煤炭行业均在供应、存储、销出能源环节的数字化有所欠缺，可借鉴电力行业先进经验，积极开展合作，不断拓宽自身业务边界，为实现产、供、储、销全链条的数字化贯通付出努力。

能源电力企业突破行业壁垒，积极开展合作，实现优势互补。尽管三大能源行业在综合实力上存在差距，但为持续提升整体能源行业的创新创造能力及产业带动能力，能源电力企业均与能源领域、科技领域、教育领域深化合作，实现先进设施共用通用，技术交流互动；在各界寻找多元合作伙伴，积极开展科技攻关、资源共享、成果共育，在全方位、全链条的相互促进中推动整体能源行业实现长足发展。

（本章撰写人：高晓楠　审核人：刘素蔚）

7

能源电力数据要素价值增值整体架构与发展路径

结合 2022 年底"数据二十条"以及 2023 年数字中国建设整体布局规划、国家数据局等的提出和组建，围绕能源电力数据要素在数字中国中应发挥的巨大价值和仍面临的关键问题，提出能够支撑能源电力数据要素价值增值的整体架构和发展路径，特别分析其中存在的**权益界定**、**共享交易**、**价值评估和安全治理**四大环节，为能源电力企业持续深化数字化转型、参与数字中国建设开拓思路。

7.1　能源电力数据要素价值增值整体架构

（一）价值增值整体架构概述

数据要素的价值增值离不开数据采集、组织、流通、应用的价值链，将泛化的数据要素放入能源电力行业具体来看，按照数据从输入到输出、从原始无序混乱状态到有序资源化再到资产化、从低价值到高价值再到价值增值的顺序[5]。能源电力数据要素价值增值整体架构由参与主体、数据要素价值开发及数据要素价值应用三部分组成，如图 7-1 所示。

数据要素由参与主体提供，进行层层深入的价值开发，最终在具体场景实现价值应用，同时再反作用于参与主体，一系列流程共同组成数据要素价值增值整体架构。

（二）价值增值参与主体

能源电力数据要素价值增值的参与主体主要为包括个人、企业、政府的广义"用户群体"，与企业合作提供数据服务的单位，以及企业自身。用户提供海量原始数据，是体量庞大的数据源；数据要素价值增值过程中专业化程度高、技术难度大、无法由企业自身独立完成的部分由专门的数据服务单位进行技术支撑；而企业自身主要负责数据要素价值开发相关工作，此外，企业自身也对整体架构进行监督管控，在涉及自身基础业务或保密性强的部分自行提供技术支撑，并最终通过企业内外部的合作、交互获益于数据要素价值应用，产出经济效益及社会效益。

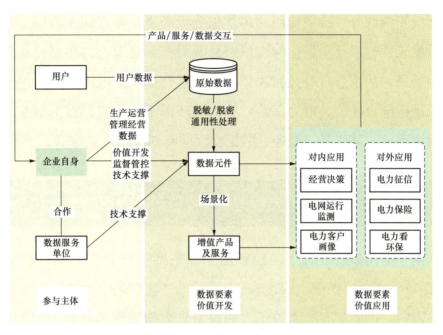

图 7-1　能源电力数据要素价值增值整体架构

（三）要素价值开发流程

企业自身是数据要素价值开发最重要的主体，参与数据要素价值开发的全流程。个人、政府、外部企业用户提供能源电力的用户数据，而企业自身提供生产运营、管理经营数据，两部分数据共同组成蕴含潜在价值的原始数据，通过对处于初始形态数据的脱敏、脱密处理，即对非结构化的原始数据，尤其是敏感、涉密数据，进行清洗、转化、归集，得到具备一般性的数据，即可用不可见的中间态数据元件，再基于已有的应用场景、既定的商业目的，通过模块化、AI 化，以场景赋能数据元件。模块化，即使用机器学习等已有算法对数据进行进一步的模型化开发，获取描述性信息；而 AI 化，是结合企业实际情况，研制出符合客户需求的个性化数据产品和服务。以模块化、AI 化为主要组成部分的场景，通过数据元素实现价值增值，其所产出的增值产品与服务是数据要素价值开发的成果。

（四）价值增值应用场景

能源电力数据要素价值应用主要分为对企业自身的对内应用与涉及其他主

体的对外应用两部分。价值应用的客体也分为两类：多存储于数据中台可用不可见的数据元件，以及场景化的增值产品及服务。能源电力数据要素价值应用对内应用场景包括企业自身经营决策、电网运行监测、电力客户画像等；对外应用场景涵盖电力征信、电力保险、电力看环保等。数据要素价值增值的对内对外应用过程中，其产品、服务、数据交互同时利好于企业自身。

7.2　能源电力数据要素价值增值发展路径

根据国务院发布的《关于构建数据基础制度更好发挥数据要素作用的意见》，能源电力企业应把握"碳达峰、碳中和""新型电力系统"等能源工作部署的核心方向，进而落实国家关于"加快培育数据要素市场""提升社会数据资源价值"的要求，顺应国家对于电力数据确权、开放、共享和交易的需求和趋势，落实网络强国、数字中国、新型基础设施建设等战略部署，为加快建设世界一流能源企业作出积极贡献[6-7]。

7.2.1　价值增值发展思路

宏观来看，紧密围绕外部政府、企业内部需求，构建涵盖国家治理、社会民生、企业发展等领域的数据增值服务产品体系，充分激活数据价值，带动产业上下游发展，推动数据增值服务朝平台化、标准化、生态化思路发展，助推能源电力企业数字化转型，构筑"共享融通、紧密协作、互利共赢"的电力数据增值服务业务生态[8]。

细分角度，根据政策发展趋势和数据业务发展规律，按照平台化、标准化、生态化的"三化"工作思路，稳步推进数据增值服务。

（一）技术底座平台化

以数据中台为基础，着力构建企业级数据共享平台，将内外部数据汇聚至数据中台，通过中台架构消除数据壁垒，促进企业级数据共享，重塑业务、技术和数据供给方式，逐步推进数据增值服务架构中台化。

（二）数据运营标准化

建立以能源电力大数据为核心的企业数据资产管理和增值服务体系。明确数据权属，开展数据治理，夯实数据基础。完善数据资产运营合规框架和制度体系，开发标准统一、覆盖全面、可操作性强的数据管理能力专业评估标准、方法和工具。

（三）业务应用生态化

更好发挥数据要素作用，数据增值服务向系统化、专业化、规模化方向发展，围绕数据增值服务对象，建立数据增值服务生态体系，对内服务企业安全生产、经营管理、优质服务，对外可以服务政策科学决策、企业智慧运营。

7.2.2　价值增值实施路径

依据宏观及细分发展目标，按照基础能力构建、平台赋能运营、数据生态圈拓展的实施路径，稳步推进数据增值服务做大做强。

（一）基础能力构建

通过发挥电力数据价值支撑对外增值服务创新，重点任务包括开展基础数据服务和数据产品服务，服务模式大致可分为五类，分别是基础数据类、产品服务类、解决方案类、平台运营类、合作共赢（生态共建）类，如表7-1所示。

1. 开展基础数据服务

通过归集沉淀企业用户用能数据、系统运行数据、设备及环境监控数据等，经过清洗、聚类、脱敏等数据分析加工，形成基础数据产品，同时设计相应的数据接口，供用户直接查询和下载相关基础数据。基础数据类产品重点针对企业用户。可按下载次数、下载频度、下载流量等计费，或者签订周期性服务合同。可通过以接口方式向用户提供脱密、脱敏数据，生成数据分析和挖掘服务的结果。以按查询次数、按年打包、按开通服务的城市数量等方式收费。如企业多维信用画像报告、金融信贷产品、支撑用户个性化的信贷服务等产品，可用此方式。

表 7 - 1　　　　　　　　能源电力企业数据增值模式分类

商业模式	服务对象	盈利模式	数据类型	价值链等级
基础数据类		前期以免费服务为主，获得政府认可后，根据政府提出的个性化功能收取一定服务费用	能源类非电数据	初级
产品服务类	政企用户	前期通过体验版产品进行推广，当企业认可公司产品或方案为其带来的收益和价值，进一步培育市场对公司的认可及需求后，通过战略合作、项目咨询服务等方式按年或按次数收取费用	能源类电力数据	高级
解决方案类				
平台运营类	企业与公众	构建相应的服务平台，为用户提供精准营销、资讯服务、广告服务等，可根据点击率、点击量、用户收入增长情况等与企业客户进行红利分成，包括固定比例分成、浮动收益分成等		
合作共赢类	公众	针对居民个性化用能需求，提供额外服务功能，创造社会热点服务，通过大量的小额服务费用收取实现盈利	泛能源类数据	中级

2. 开展数据产品服务

结合能源电力大数据的来源渠道和价值细分领域，分析数据市场需求及潜力，形成系列非定向的分析报告和专题研究报告产品。分析报告产品主要针对社会大众，内容以能源电力发展动态、社会用电量分析、家庭用电行为分析及预测等为主。可采用会员制订阅模式、节能及绿电交易返点兑换、免费发布等方式。专题研究报告产品主要针对企业和政府用户，重点分析客户关注的行业、领域、区域用能数据，形成系列报告产品。可按产品单价计费、按会员制订阅服务收费、免费发布（政府客户）等。面向旅游行业、政府机关，建设智慧旅游与区域人流量监控应用，实现由线下支撑到线上支撑的转变。[9]

（二）平台赋能运营

通过打造数据增值服务平台，为政府、企业和机构提供一体化数据服务解决方案。以数据中台为技术支撑，为行业合作伙伴及最终需求方提供数据访问、应用开发、产品部署等服务，实现由数据变现向服务变现的演进。演进过程中，实现支撑能力逐步开放投产，例如前期优先开放平台数据接口，允许行业客户对接，保持并加强行业客户黏性。

根据能源电力数据资产价值特征，重点围绕政府和企业用户的个性化需求，通过定制化的方式提供解决方案，并获得相应收益。重点服务对象分为企业用户和政府用户，对于企业用户，针对企业战略制定、发展规划、金融风控、业务拓展等具体需求，聚集相关数据资源，结合特定的需求场景，为客户量身打造定制化开发相关咨询类产品。可按次收费、会员制订阅服务收费，采用签订合同长期服务。对于政府用户，结合全社会大范围、多品类的用能数据，为政府用户提供宏观经济形势预判、调整产业结构、供给侧改革、精准扶贫评估、优化公用设施布局、提升综合治理能力等专题决策咨询建议报告。可采用按次收费或签订合同长期服务。[10-11]

（三）数据生态圈拓展

通过与数据供应单位、产业互联网相关单位、消费互联网相关单位、公共事业单位等产业上下游单位进行深度合作，形成包括用能、地理、商务、交通、财务、医疗等数据集合，深度运用内外部数据服务政府及相关企业，构建内外部数据增值服务生态圈，驱动企业上下游产业创新。本阶段重点任务包括开展数据交易和提升数据交互能力。[12]

1. 明确数据资产定价

提升跨行业数据交易能力：制定数据出售及购买的定价原则及付费方式，向各个行业开放数据交易，实现数据的出售和购买，丰富移动数据资产，提升移动数据平台的竞争力。

基于无形资产属性的数据资产定价方法。依托数据的无形资产属性，可利用的价值评估方法主要包括收益法、成本法和市场法三种基本方法及其衍生方法混合法❶。

基于价值维度的数据资产定价方法。围绕数据的内在价值、商业价值、绩效价值、成本价值、经济价值、市场价值、社会价值七个维度对数据资产进行价值评估，其优点是能够全面地对数据价值进行评估，但是每个维度的评价均存在困难，且各个维度的权重难以确定。

基于竞拍机制的数据资产定价方法。在数据资产定价中引入竞拍机制，以传统的数据资产定价方法为基础开展数据资产初评估，作为竞拍保底价格，根据场景选择不同的竞拍模型再次对数据资产进行定价，在兼顾数据资产供需双方利益的前提下确定最终价格。

2. 提升数据交互能力

依托应用场景数据资产定价方法，形成多主体间数据资产收益分配机制，设计可持续的数据资产化模式，激活多主体数据交互活力，提升数据增值服务效益。对接省市等多级能源大数据中心，建立起对外变现数据的交互能力，制定数据交易规范，指导和规范数据交易的变现模式。

7.2.3 价值增值关键能力

（一）运营模式

根据业务开展现状及企业运营实际，提供三种可行的数据增值服务运营模式。

---

❶ 收益法指通过测算数据资产未来能为企业带来的收益值，利用折现率计算其现值，进而计算数据资产的价值。数据资产价值＝$\sum$（某期预期收益额×折现率）×分成率。
成本法指数据资产的重置成本减去各种实体性贬值、功能性贬值、经济性贬值所获得的数据资产的价值。
数据资产价值＝重置成本–实体性贬值–功能性贬值–经济性贬值。
市场法指将通过直接或者间接对比市场上相同或者相似资产的近期交易价格，估算数据资产的价值。数据资产价值＝可比实例数据资产的价值×技术修正系数×价值密度修正系数×期日修正系数×容量修正系数×其他修正系数。
混合法指混合应用收益法、成本法和市场法组合，在衡量数据资产成本、评估数据资产收益的基础上，根据市场定价。

1. 业务人员组建柔性团队

从能源电力企业运检、营销、调控等专业部门选拔人才，打造一支复合型的业务支撑和营销团队，围绕商业模式、营销策略、产品运营等方面开展培训，并成立设计、研发、营销的专项小组，将数据增值服务人员纳入企业职称序列和各类人才评定、培养范围。利用数据中台完成各系统数据接入，运营团队成员可申请账号，根据开通的权限，利用中台现有数据开展数据分析和数据增值服务产品开发。

2. 成立专业化运营公司

以集团下属大数据中心和产业单位为技术支撑与运营主体，依托产业单位市场化用人机制，打造一支包含业务咨询、业务谈判、技术支撑的商务运营团队，提高市场化运营能力。结合基层单位对接属地政府和客户的优势，优化激励机制，激发基层单位、运营团队干事创业活力。后期全面聚合政府、科研机构、高校等各方资源，组建专业化团队。建立专业的数据增值服务营销队伍，当数据增值服务产品成体系、成规模时，建立专业的营销队伍才能更有力地将数据增值服务产品推向市场，推销给政府或用户。

3. 混合所有制运营公司

探索公司化市场运营机制，积极引入战略投资者，以能源大数据中心为运营主体，构建省（市）公司、产业单位、第三方企业等多方合作的模式及运营机制，成立混合所有制运营公司，提升商业化运营能力。该模式市场化程度高，市场竞争力强，合作单位共同分享收益和承担风险，有助于扩大数据增值服务的影响力和带动力。

建议在数据增值服务业务开展良好的地市或机构，采用第二种或第三种运营模式，在基础一般的地区，前期重点放在数据价值服务业务孵化，建议采用第一种运营模式，待数据产品具有一定市场后，逐步向第二种、第三种模式转变。

（二）考核激励

将数据管理和大数据应用业务纳入企业职称序列、人才晋升和各类人才评定、培养范围。通过内部培养、人才引进、外部合作等多种方式加强数字化人才队伍的提升与壮大，培养既熟悉业务又掌握数据管理和分析的复合型人才。引入数据增值服务业务的考核激励机制，激发干事创业的内生动力。考核体系上以正面激励为主，激发创新活力。

（三）应用推广

建立企业级的产品分层应用体系，对于综合类大数据应用，由能源电力企业总部相关部门组织开展。对于专业类大数据应用，由各业务部门组织开展。定期开展大数据应用成果评价，推广典型成果。基层首创后，提交总部审定，适宜总部层面商业运作的产品（如金融类整体谈更有议价能力）由总部统一运作，给予首创单位一定的奖励，或者给予一定比例的收益分成。

（四）安全防护

按照国家数据安全法律法规要求，参考国家数据安全能力成熟度模型标准，以能源电力企业业务全流程安全、数据全生命周期安全为抓手，强化数据安全合规管理，构建数据安全全景防护，夯实数据安全基础设施，形成统筹协调、规范有序、覆盖全国、省及地市的三级数据安全管控体系，全面提高数据全生命周期的安全综合防御能力，科学合理地保障信息系统及重要数据信息的安全、稳定、可靠。

7.3　小　　　结

数据增值服务将在能源电力企业数字化新模式新业态发展中发挥引领和纽带作用。能源互联网时代，能源系统在运行过程中产生了海量数据，并且每时每刻都在爆炸式增长。必须重视海量数据中包含的商业价值，并创新能源互联网商业模式为用户提供创新型服务。数据增值服务为挖掘能源电力设备和各类资源潜力，提升运行效率和服务水平，培育新业态、新模式，引领行业生态进化，提供了重要机遇和强大助力。

能源电力企业开展数据增值服务要明确数据增值机理与内涵价值，从基础能力构建、平台赋能运营与数据生态圈拓展等方面设计实施路径。数据增值服务属于新兴业务范畴，是能源电力企业未来的重要盈利增长点，主要依靠要素驱动和创新驱动。能源电力企业要持续推动数据增值服务朝技术底座平台化、数据运营标准化、业务应用生态化的发展，按照基础能力构建、平台赋能运营、数据生态圈拓展的实施路径，稳步推进数据增值服务做大做强，引导和支撑能源电力数据要素市场化巨大价值发挥。

（本章撰写人：高晓楠　审核人：刘键烨）

附录　国内外数字化转型大事记

一、国内数字化转型大事记

2022 年 11 月 2 日

五部门联合发布《虚拟现实与行业应用融合发展行动计划（2022—2026 年）》

该行动计划由工业和信息化部、教育部、文化和旅游部、国家广播电视总局、国家体育总局联合印发，按照其发展目标，到 2026 年，虚拟现实在经济社会重要行业领域实现规模化应用，我国虚拟现实产业总体规模（含相关硬件、软件、应用等）超过 3500 亿元，虚拟现实终端销量超过 2500 万台。该行动计划指出，要推进关键技术融合创新，加速多行业多场景应用落地，深化虚拟现实与行业有机融合。虚拟现实是新一代信息技术的集大成者，党中央、国务院高度重视虚拟现实产业发展。五大部委印发的该行动计划是党的二十大之后首次针对科技行业的红头文件，对未来五年虚拟现实与行业应用融合发展的重点任务进行了详细部署，对于整个行业而言意义重大。

2022 年 11 月 8 日

工业和信息化部印发《中小企业数字化转型指南》

该指南的目标是为深入贯彻党中央、国务院关于加快数字化发展的决策部署，以数字化转型推动中小企业增强综合实力和核心竞争力；旨在加强政策协同、强化科学指引、深化转型认知、凝聚工作合力，以中小企业数字化转型促进实体经济高质量发展。该指南面向中小企业、数字化转型服务供给方和地方各级主管部门，从增强企业转型能力、提升转型供给水平、加大转型政策支持三方面提出了 14 条具体举措，助力中小企业数字化转型，提升为中小企业提供数字化产品和服务的能力。

2022 年 11 月 16 日

中国电子信息产业发展研究院发布《2022 中国数字经济发展研究报告》

在 2022 年中国国际数字经济博览会上发布的《2022 中国数字经济发展研究报告》指出，我国网络基础设施从跟跑到领跑，5G 网络规模全球居首，行业专网加快落地；IPv6 "高速公路"全面建成，步入流量提升阶段；工业互联网标识解析体系持续完善，赋能千行百业数智升级，实现长足进步。算力基础设施从分散到统筹，全国一体化大数据中心体系初步建立，"东数西算"工程全面启动。目前，中国算力规模约占全球 27%，排名全球第二，有望在"十四五"末实现全球算力规模第一。

2022 年 12 月 2 日

国务院发布《关于构建数据基础制度更好发挥数据要素作用的意见》

这是我国专门针对某一要素的第一份基础制度，对我国数据要素的发展方向起到"指南针"的作用，又称"数据二十条"。其提出了构建数据产权、流通交易、收益分配、安全治理等制度，初步形成我国数据基础制度的"四梁八柱"；首次提出了探索数据产权结构性分置制度，建立数据资源持有权、数据加工使用权、数据产品经营权"三权分置"的数据产权制度框架，构建了中国特色数据产权制度体系。"数据二十条"的出台，有利于充分激活数据要素价值，赋能实体经济，推动高质量发展。

2022 年 12 月 14 日

工业和信息化部印发《工业和信息化领域数据安全管理办法（试行）》

该管理办法主要内容包括界定工业和信息化领域数据和数据处理者概念，明确监管范围和监管职责；确定数据分类分级管理、重要数据识别与备案相关要求；针对不同级别的数据，围绕数据收集、存储、加工、传输、提供、公开、销毁、出境、转移、委托处理等环节，提出相应安全管理和保护要求等七个方面。管理办法明确，工业和信息化领域数据包括工业数据、电信数据和无线电数据等。工业和信息化部有关负责人表示，管理办法重点解决工业和信息化领域数据安全"谁来管、管什么、怎么管"的问题，构建了"工业和信息化部、地方行业监管部门"两级监管机制，以数据分级保护为总体原则，要求一般数据加强全生命周期安全管理，重要数据在一般数据保护的基础上进行重点保护，核心数据在重要数据保护的基础上实施更加严格保护。

2022 年 12 月 30 日

工业和信息化部印发《关于完善工业和信息化领域科技成果评价机制的实施方案（试行）》

这一方案的主要任务包括全面准确评价，其中提到要破"四唯"立"五元"。破除"唯论文、唯职称、唯学历、唯奖项"倾向，全面准确评价科技成果的科学、技术、经济、社会、文化"五元"价值。科学价值重点评价在新发现、新原理、新方法方面的独创性贡献。技术价值重点评价重大技术发明，突出在解决产业关键共性技术问题、"卡脖子"难题、产出更多独门绝技等方面的成效。经济价值重点评价在取得经济效益、形成新的经济增长点方面的成效。社会价值重点评价在解决人民健康、国防与公共安全、绿色低碳等方面的成效。文化价值重点评价在倡导科学家精神、工程师文化、工匠精神、企业家精神等方面的影响和贡献。同时，该方案提到，在加速成果产业化工作方面，要用好评价结果，也要释放部属单位活力。

2022 年 12 月 30 日

5 项数字化转型国家标准正式获批立项

国家标准化管理委员会下达 2022 年第四批推荐性国家标准计划，由全国信息化和工业化融合管理标准化技术委员会归口管理的《数字化转型管理　参考架构》《数字化转型管理　能力体系建设指南》《数字化供应链　体系架构》《数字化供应链　成熟度模型》和《数字化供应链　通用安全要求》5 项国家标准正式获批立项。

《数字化转型管理　参考架构》和《数字化转型管理　能力体系建设指南》2 项国家标准与已发布的国家标准《信息化和工业化融合　数字化转型　价值

效益参考模型》(GB/T 23011－2022)相互配套,是指导数字化转型的基础性、通用性标准,目的是引导各类组织以体系架构方法为引领,以价值为导向、能力为主线、数据为驱动,系统性、全局性推进数字化转型,稳定获取转型成效。

而《数字化供应链　体系架构》《数字化供应链　成熟度模型》《数字化供应链　通用安全要求》3项国家标准能够为供应链各类参与主体科学认识并系统构建数字化供应链提供参考指引,帮助产业界厘清数字化供应链基本概念和核心要素,掌握数字化供应链的设计方法和实施路径,明确数字化供应链成熟度等级和评价方法,构建数字化供应链安全防护能力,加快数字化供应链体系建设。

2023 年 1 月 13 日

十六部门联合印发《关于促进数据安全产业发展的指导意见》

该意见提出,到 2025 年,我国数据安全产业规模超过 1500 亿元,年复合增长率超过 30％,建成 5 个省部级及以上数据安全重点实验室,攻关一批数据安全重点技术和产品,数据安全产业基础能力和综合实力明显增强。指出要深度分析工业、电信、交通、金融、卫生健康、知识产权等领域数据安全需求,梳理典型应用场景,分类制定数据安全技术产品应用指南,促进数据处理各环节深度应用。推动先进适用数据安全技术产品在电子商务、远程医疗、在线教育、线上办公、直播新媒体等新型应用场景,以及国家数据中心集群、国家算力枢纽节点等重大数据基础设施中的应用。推进安全多方计算、联邦学习、全同态加密等数据开发利用支撑技术的部署应用。同时,加强人才队伍建设。推动普通高等院校和职业院校加强数据安全相关学科专业建设,强化课程体系、师资队伍和实习实训等。

2023 年 1 月 19 日

十七部门联合印发《"机器人＋"应用行动实施方案》

该方案提出,到 2025 年,制造业机器人密度较 2020 年实现翻番,服务机器人、特种机器人行业应用深度和广度显著提升,机器人促进经济社会高质量发展的能力明显增强。为加快推进机器人应用拓展，"机器人＋"应用行动逐步开展。该方案明确主要目标，提出聚焦十大应用重点领域，突破 100 种以上机器人创新应用技术及解决方案，推广 200 个以上具有较高技术水平、创新应用模式和显著应用成效的机器人典型应用场景，打造一批"机器人＋"应用标杆企业，建设一批应用体验中心和试验验证中心；明确深化重点领域"机器人＋"应用，增强"机器人＋"应用基础支撑能力。在教育方面，方案倡导研制交互、教学、竞赛等教育机器人产品及编程系统，分类建设机器人服务平台。加大机器人教育引导，强化机器人工程相关专业建设，推进 5G、人工智能、智能语音、机器视觉、大数据、数字孪生等技术与机器人技术融合应用，发现和培养更多机器人高素质技术技能人才。

2023 年 2 月 23 日

七部门联合印发《智能检测装备产业发展行动计划（2023－2025 年）》

该行动计划明确智能检测装备作为智能制造的核心装备，是"工业六基"的重要组成和产业基础高级化的重要领域。要求到 2025 年，智能检测技术基本满足用户领域制造工艺需求，核心零部件、专用软件和整机装备供给能力显著提升，重点领域智能检测装备示范带动和规模应用成效明显，产业生态初步形成，基本满足智能制造发展需求。提出四大重点工程：产业基础创新工程、供给能力提升工程、技术装备推广工程、产业生态优化工程。在政策保障方面，提出落实首台（套）示范应用、固定资产加速折旧等政策；发挥国家产融合作平台作用，鼓励地方探索实施"科技产业金融一体化"专项和"补贷保"联动试点；鼓励符合条件的企业通过股权、债券等方式开展直接融资。

2023 年 2 月 27 日

国务院印发《数字中国建设整体布局规划》

该规划指出建设数字中国是数字时代推进中国式现代化的重要引擎，是构筑国家竞争新优势的有力支撑。提出到 2025 年，基本形成横向打通、纵向贯通、协调有力的一体化推进格局，数字中国建设取得重要进展。到 2035 年，数字化发展水平进入世界前列，数字中国建设取得重大成就。

明确数字中国建设按照"2522"的整体框架进行布局，即夯实数字基础设施和数据资源体系"两大基础"，推进数字技术与经济、政治、文化、社会、生态文明建设"五位一体"深度融合，强化数字技术创新体系和数字安全屏障"两大能力"，优化数字化发展国内国际"两个环境"。强调要夯实数字中国建设基础，要全面赋能经济社会发展，要强化数字中国关键能力，要优化数字化发展环境，要加强整体谋划、统筹推进，把各项任务落到实处。

2023 年 2 月 28 日

工业和信息化部印发《进一步提升移动互联网应用服务能力的通知》

为优化服务供给，改善用户体验，维护良好的信息消费环境，促进行业高质量发展，工业和信息化部印发通知，部署进一步提升移动互联网应用服务能力。围绕提升用户服务感知、提升行业管理能力，即"两提升"，共提出 26 条措施：一是聚焦 App 安装卸载、服务体验、个人信息保护、诉求响应等，针对性提出改善用户服务感知的 12 条措施。二是从行业协同规范发展、上下游联防共治的角度出发，抓住当前移动互联网服务的 5 类关键主体，即 App 开发运营者、分发平台、SDK（软件开发工具）、终端和接入企业，提出 14 条措施。

2023 年 3 月 7 日

国务院拟组建国家数据局

中共中央、国务院印发《党和国家机构改革方案》，对有关国家机关的机构设置与职能配置进行了统筹、重组与创设，力求构建系统完备、科学规范、运行高效的党和国家机构职能体系。

该方案明确提出要组建国家数据局，负责协调推进数据基础制度建设，统筹数据资源整合共享和开发利用，统筹推进数字中国、数字经济、数字社会规划和建设等职能。组建国家数据局是中央在数字经济与数据要素市场蓬勃发展的时代背景下，该方案是针对现实中我国面临的数据发展与数据管理的困局而提出的破局之策，是回应数字时代现实需求、应对数据产业现实挑战的一次创新尝试，有望为我国数字经济发展带来新机遇，促进我国数据要素市场进入一个科学发展的新阶段。

2023 年 3 月 15 日

工业和信息化部印发《关于做好 2023 年信息通信业安全生产工作的通知》

围绕 2023 年工作任务，该通知从压实安全生产责任、加强隐患排查治理、突出特殊场景保护、提高应急处置能力、保障安全生产投入、提升从业人员素质等方面提出了要求。提出适应形势发展变化，修订《电信网络运行监督管理办法》，加强基础电信企业和增值电信企业安全生产管理，健全电信和互联网安全生产管理体系；要求聚焦重点领域和薄弱环节，组织专项检查，深入排查整治各类安全隐患，开展大型互联网平台、新型网络、关键业务运行安全风险评估，防范化解重大安全风险。强调坚持预防为主，聚焦极端事故场景、关键网络设备、高危操作岗位，全面实施风险清单管理，推动电信网络运行安全向事前主动预防转型。明确表示，聚焦当前 5G 网络运行安全存在的短板弱项，开展 5G 网络运行安全能力提升专项行动，提高云网融合、算网一体趋势下网络运行安全水平。例外，该通知对全面提升信息通信行业从业人员素质水平、保障安全生产提出要求。

2023 年 4 月 11 日

两部委印发《关于加强 5G＋智慧旅游协同创新发展的通知》

该通知提出力争到 2025 年，我国旅游场所 5G 网络建设基本完善，5G 融合应用发展水平显著提升，产业创新能力不断增强，5G＋智慧旅游繁荣、规模发展。

围绕 5G＋智慧旅游基础设施建设、融合创新应用和产业生态构建三大领域提出总体发展目标和九大工作任务。其中提出，到 2025 年，5G＋智慧旅游应用场景逐步丰富。建立起 5G＋智慧旅游典型应用场景体系。打造一批 5G＋5A 级智慧旅游标杆景区和 5G＋智慧旅游样板村镇，培育一批 5G＋智慧旅游创新企业和创新项目。智慧旅游产业生态环境初步形成。培育一批 5G＋智慧旅游解决方案供应商，落地 30 个 5G＋智慧旅游应用解决方案。明确创新 5G＋智慧旅游服务新体验。推广云旅游、云直播等线上服务模式，增强游客体验，提升游客感知。推动 5G 与物联网、虚拟现实、增强现实、数字孪生、机器人等技术和产品的有效融合，引导 5G＋4K/8K 超高清视频、5G 智慧导览、5G＋VR/AR 沉浸式旅游等应用场景规模发展，满足游客在旅游全过程智慧体验。

2023 年 4 月 23 日

八部门联合印发《关于推进 IPv6 技术演进和应用创新发展的实施意见》

旨在充分发挥 IPv6 协议潜力和技术优势，更好满足 5G、云网融合、工业互联网、物联网等场景对网络承载更高的要求。该实施意见明确到 2025 年底，我国 IPv6 技术演进和应用创新取得显著成效，网络技术创新能力明显增强，"IPv6＋"等创新技术应用范围进一步扩大，重点行业"IPv6＋"融合应用水平大幅提升。为推动实施意见落地见效，实施意见围绕构建 IPv6 演进技术体系、强化 IPv6 演进创新产业基础、加快 IPv6 基础设施演进发展、深化"IPv6＋"行业融合应用和提升安全保障能力 5 个方面，部署了 15 项重点任务。在构建 IPv6 演进技术体系方面，实施意见要求推动 IPv6 与 5G、人工智能、云计算等技术的融合创新，系统推进 IPv6 国家标准、行业融合应用标准的制定和落地，提升国际标准贡献率和影响力。

2023 年 5 月 25 日

十部门联合印发《科技成果赋智中小企业专项行动（2023－2025 年）》

该专项行动提出，到 2025 年健全成果项目库和企业需求库，推动一批先进适用科技成果到中小企业落地转化，促进中小企业产出更多高质量科技成果，带动更多中小企业走"专精特新"发展之路。明确围绕中小企业核心技术能力提升，聚焦科技成果有效推广应用，加速科技成果向中小企业集聚，加强产业政策、科技政策、中小企业发展政策的统筹和协同，促进产学研、产业链上下游、大中小企业融通创新。部署推进成果"常态化"汇聚、实施供需"精准化"对接、加速服务"体系化"布局三方面重点任务。其中特别明确，针对中小企业的创新需求，分层次、分领域建设科技成果项目库，为中小企业提供更多"用得起、用得上、用得好"的科技成果。强化产业需求牵引，加大先进适用型技术供给。此外，该专项行动还提出，推动大企业向中小企业开放仪器设备、实验室等。支持中小企业围绕技术瓶颈和特殊技术难题"发榜"，高校、科研院所"揭榜"，建立联合式、订单式技术研发新模式。

2023 年 7 月 7 日

腾讯研究院发布《数字化转型指数报告 2023》

该报告在全球数字经济大会闭幕式上发布。报告指出，经过几年的快速发展，中国数字化转型逐步迈入稳定发展阶段。数字平台在数字化转型中起到了关键的稳定器作用，与数字基础设施、数字应用相比增速下降幅度最小。全国范围内，珠三角、京津冀、长三角等 11 大城市群持续稳定发展，一直以来保持贡献近八成数字化规模，为全国数字化大盘提供了重要支撑。此外，我国各大行业数字化普遍呈增长势头。对十六个主要行业的数据分析显示，行业中一个"领跑"和"两升两降"值得重点关注。一个"领跑"是金融行业，其数字化规模和增速分列第一和第三，是行业数字化转型中的领头羊。"两升"是制造业和通信业，代表了生产侧正在加速数字融合，持续呈上升之势。与之相比，消费侧表现则有些动力不足，生活服务业和零售业的数字化规模都有所下滑，侧面反映出国内消费市场面临一定压力。

2023 年 7 月 24 日

中共中央政治局召开会议分析研究当前经济形势、部署下半年经济工作

会议指出，要大力推动现代化产业体系建设，加快培育壮大战略性新兴产业、打造更多支柱产业。要推动数字经济与先进制造业、现代服务业深度融合，促进人工智能安全发展。要推动平台企业规范健康持续发展。

会议提到将战略性新兴产业打造为支柱产业：加快大数据、人工智能、智能网联汽车等战略性新兴产业的创新发展，大力发展先进制造业，培育经济新引擎。这一提法把战略性新兴产业提高到打造支柱产业的高度，以其带动经济发展的质效提升。

会议指出要做强做大做优数字经济，实现数字经济与先进制造业、现代服务业深度融合，在数字经济和实体经济深度融合的基础上，提出更加具体的两个方向。数字经济是推动我国经济增长的重要引擎，也是建设现代化产业体系的重要优势，实体经济则范畴很大、包含甚广，会议专门明确先进制造业和现代服务业，为数字经济指出赋能重点。

2023 年 9 月 25 日

工业和信息化部：配合有关部门开展大型数字经济平台立法工作

工业和信息化部提到，数字经济是现代化经济体系的重要组成部分，是世界科技革命和产业变革的前沿，大型数字经济平台已成为我国经济发展的重要抓手。目前，尚无针对大型数字经济平台的专门立法，现行传统监管模式与思路不能完全满足当前大型数字经济平台健康可持续发展的需要，构建新监管理念与模式意义重大。

工业和信息化部表示，立足互联网行业管理主责主业，多措并举，有序推进大型数字经济平台规范健康持续发展。

一是强化平台经济监管顶层设计。完善促进平台规范健康发展的法律法规体系。积极推进《电信法》立法进程。二是推动建立健全数据基础制度。参与编制《关于构建数据基础制度更好发挥数据要素作用的意见》，并推动以中共中央、国务院名义印发。加快构建数据产权、交易流通等制度规则。三是不断加大行业政策供给力度。印发《"十四五"信息通信行业发展规划》《"双千兆"网络协同发展行动计划（2021－2023 年）》等系列政策文件，加快 5G 网络、千兆光网等网络基础设施建设覆盖。四是持续优化行业营商环境。强化企业合规意识，强化部门协作，不断完善网络协同监管和联动处置机制，积极开展各类涉网专项治理工作，有效净化网络空间。五是加强数字经济安全保障。印发《工业和信息化领域数据安全管理办法（试行）》，界定工业和信息化领域数据和数据处理活动等概念，明确监管范围和监管职责，提出数据分类分级管理、监测预警与应急处置，以及检测、认证、评估管理等要求。推动人工智能领域产学研单位共同发布《人工智能行业自律公约》等，探索制定人工智能行业从业人员行为规范。

2023 年 9 月 26 日

腾讯云与智慧产业事业群发布《2023 数字经济高质量发展报告》

该报告梳理前沿数字技术在各产业落地的最新进展，全面呈现云计算、人工智能、大数据等数字技术的发展，以及在科研、芯片、工业、农业、港口、零售、医疗、建筑等多个领域的深度融合与创新激发。以腾讯为代表展现互联网科技公司如何将各项数字技术，以云为底座进行更广泛的开放，助力中国数字经济从"云化"到"智能化"的全新探索。

该报告指出，根据中国信通院等相关权威统计，从 2018 年到 2022 年，中国数字经济规模从约 30 万亿元增长到 50.2 万亿元，总量稳居世界第二，占 GDP 比重提升至 41.5％，数字经济成为稳增长、促转型的重要引擎。快速的演进跃迁投射到产业中，则是数字技术对研发、管理、营销、售后、产业等各个环节的重塑。在过去五年里，中国产业"云化"初步完成，软硬件基础设施与生态已自成体系，产业开始向"智能化"演变。云计算、大数据、人工智能等数字技术与产业场景进一步融合应用突破，不断强化中国产业发展的"韧性"。

该报告将中国产业的发展韧性概括为增强产业链冲击抵御力、激发企业内生增长力、释放消费活力和提升社会服务能力。而中国数字经济高速发展受益于国家战略指引越来越清晰，越来越深入，与新型基础设施的建设密切相关。

二、国外数字化转型大事记

2022 年 11 月 9 日

世界互联网大会乌镇峰会上发布《世界互联网发展报告 2022》蓝皮书

蓝皮书梳理总结世界互联网发展情况，客观反映各国互联网建设新举措、新进展。对全球 48 个国家和地区的互联网发展情况进行了客观、准确评估。

展开来讲，世界互联网的发展呈现如下趋势。一是信息基础设施优化升级，卫星互联网商用部署加快。二是数字技术发展驶入快车道，人工智能技术应用场景拓宽。三是数字经济助力全球经济复苏，地区间"数字鸿沟"加大。四是数字政府建设水平提升，各国差距明显。五是互联网媒体多元化发展，社交媒体成舆论主战场。六是网络安全漏洞频现，网络攻防对抗加剧。七是网络立法进程加快，数字市场监管日益强化。八是网络空间国际竞争加剧。

2022 年 12 月 15 日

欧洲议会通过《数字市场法》谈判立场

议会的立场文件主要增加了以下内容。第一，"守门人"量化门槛提升为企业在欧洲经济区年营业额 80 亿欧元或市值 800 亿欧元，并在至少三个成员国提供核心平台服务，月最终用户至少 4500 万、商业用户至少 1 万。第二，增加对使用目标广告及互操作服务数据的附加条件。第三，增加对"守门人"的收购限制及通报义务。第四，明确成员国竞争主管部门的作用，同时《数字市场法》的执法权仍归欧委会。第五，罚款提升至"守门人"上一财年全球营业额 4%～20%。

2022 年 12 月 15 日

欧盟委员会发布《金融服务业监管数据新战略》

战略旨在改进欧盟金融监管报告体系、最大限度地减少金融机构报告负担，并助力欧委会进一步实施欧盟数据战略和数字金融战略。其主要内容包括四个部分：一是建设"通用数据字典"。依照清晰、通用的术语以及通用标准、格式和规则提供一致和标准化的数据；二是促进监管机构间所获报告数据的共享和再利用，打造"监管数据空间"，通过消除法律和技术障碍，避免重复数据报告要求；三是改进报告规则设计，应用更优化的监管原则，制定监管报告指南；四是制定联合治理安排，促进不同监管机构和其他相关利益者间协调与合作，分享专业知识并交流信息。

2023 年 1 月 9 日

欧盟委员会发布《2030 年数字十年政策方案》

该方案是协调和实现欧盟成功数字化转型的战略工具，方案提出了数字转型的具体目标和指标，以及在 2030 年前实现欧洲数字化转型的手段。该方案建立了监测和年度合作机制，具体措施包括欧委会在年度数字经济和社会指数的框架内监测各目标进展；欧委员每年发布"数字十年状况报告"，评估数字目标进展情况和建议；成员国每两年调整一次"数字十年"战略路线图，即为实现 2030 年数字目标，在国家层面制定的政策、措施和采取的行动；支持共同行动和大规模投资的多国项目，拟启动 5G、量子计算机和互联公共管理等领域多国项目。

2023 年 1 月 20 日

欧洲议会通过《数字服务法》（DSA）提案的修订文本

提案明确定义了中介服务提供商，特别是社交媒体和市场等在线平台的责任和义务，为在线删除非法产品、服务或内容建立了"通知和行动"机制及保障措施。DSA 还规定超大型在线平台（VLOP）需承担额外义务，将通过强制性风险评估、风险缓解措施、独立审计和"推荐系统"透明度等举措，处理有害内容，防止虚假信息传播。议员对欧委会提案的修改主要包括免除小微企业部分义务；为数字服务接受者提供对有针对性广告的知情权、选择权，给予拒绝接受者以"基于免定向推荐广告"等方式访问在线平台的选项；禁止使用未成年人数据进行定向广告推送，禁止利用弱势群体特殊数据的个性化推荐；数字服务接受者可向因未遵守尽职调查义务而对其造成损害的平台寻求赔偿；禁止在线平台以不透明方式欺诈或影响用户的行为；此外，VLOP 应提供至少一种不基于个人数据分析的推荐系统。议会文本还增加数字服务提供商需在其条款中尊重言论自由、媒体自由和多元化，及匿名使用和支付数字服务权利等新规。

2023 年 1 月 28 日

第二届东盟数字部长（ADGMIN）会议批准《2022 年印度－东盟数字工作计划》

会议提出的六大主题为东南亚及南亚的数字发展明确了思路：立足当下，该计划提出人工智能在网络安全中的应用，以此为数字工作奠定了坚实的安全基石；提出以物联网的 5G 技术与未来趋势为重点抓手，纵向推进重点技术实施；还提出了分析信息通信技术（ICT）在实施数字健康战略中的作用，将 ICT 视为数字发展的可持续动力。

展望未来，该计划指向物联网和人工智能在下一代智慧城市与智慧社会 5.0 中的应用，将数字技术纵向融入国家与区域整体发展；提出未来数据传输网络的标准和应用，拟用规范推动数字工作长期发展；还提出未来网络的评估与安全保护，旨在防范潜在的数字风险与威胁，营造和谐健康的网络空间。

2023 年 2 月 23 日

欧盟委员会发布《数据法》提案

该提案制定关于使用和访问欧盟数据的新规。具体措施包括：一是允许连接设备的用户访问由其生成的数据，及与第三方共享此类数据，以提供售后市场或其他数据驱动的创新服务；二是防止滥用数据共享合同中的不平衡，重新平衡中小企业谈判权力；三是允许公共部门在特殊情况下访问和使用私营部门持有数据；四是允许客户在不同云数据处理服务提供商之间进行有效切换，并针对非法数据传输采取保护措施。《数据法》还审查了 20 世纪 90 年代创立的《数据库指令》，阐明包含来自物联网设备和对象数据的数据库不应受到单独法律保护，确保其可被访问和使用。这一提案是依据 2020 年 2 月欧洲数据战略产生的第二个主要立法倡议，旨在令消费者和企业更好地掌握使用数据做什么，明确谁可以访问数据，以及以什么条件访问数据，以此创建一个坚实和公平的数据驱动型经济。

2023 年 5 月 25 日

联合国发布秘书长关于《全球数字契约》的政策简报

政策简报阐释了推动制定《全球数字契约》（Global Digtal Compact，GDC）的动机、愿景、具体目标和行动建议，并对 GDC 的后续实施和审查提出了设想，具体构思两点措施。

一是提出多利益相关方的实施路径。政策简报中认同成员国在推动全球框架中的主导作用，但也认为私营部门、社会组织等参与是重要的，联合国体系内现有的数字合作机制，特别是互联网治理论坛和信息社会世界峰会，以及联合国实体也将继续发挥重要的支撑作用。

二是提议设立年度数字合作论坛及其咨询小组。文件提出设立一个年度论坛对 GDC 的实施情况进行定期评估，同时促进多方对话与合作、信息共享，针对新出现的数字挑战和治理差距确定政策解决方案；为支撑论坛筹备，还将组建一个由国家、非国家和联合国利益相关方成员组成的三方咨询小组；此外，在论坛筹备过程中，可能由联合国区域经济委员会与区域组织合作推动进行区域磋商，以便反映不同区域的优先事项和视角，并针对后续行动和具体情况等进行交流。

2023 年 8 月 10 日

阿联酋电信和数字政府监管局（TDRA）发布《数字阿联酋概况》

报告重点介绍了阿联酋数字生活的特点及其在数字化转型方面取得的成效；通过一系列事实和数据，勾勒出了符合阿联酋数字化转型战略以及阿联酋社会公共、私人部门和个人生活特性的数字化地图。该报告反映了阿联酋的整体数字化格局，无论是在日常生活还是在政府公共服务领域，数字化解决方案的采用程度达到较高水平。这表明用户和服务提供商的数字化成熟度都很高，使阿联酋拥有一个有利于实现跨越式发展的数字化环境。

该报告还介绍了阿联酋政府统一数字平台的表现。这一平台是政府的数字存在界面，也是阿联酋政府实体提供所有公共信息和服务的首选平台。报告显示，2022 年统一数字平台的访问量达到 3000 万人次，创历史新高；作为阿联酋政府的门户网站，该平台包括 221 个政府实体，共提供 2630 项数字服务。2023 年，统一数字平台取得了重要进展，在生成式人工智能（AI）的支持下，平台的搜索功能得到了增强。

参 考 文 献

[1] 肖旭，戚聿东．产业数字化转型的价值维度与理论逻辑［J］．改革，2019，306
（08）：61-70.

[2] 杜庆昊．数字产业化和产业数字化的生成逻辑及主要路径［J］．经济体制改革，
2021，230（05）：85-91.

[3] 本刊编辑部．打通产学研链条　夯实创新创造能力［J］．中国科技产业，2020，371
（05）：4-5.

[4] 余东华，李云汉．数字经济时代的产业组织创新——以数字技术驱动的产业链群生态
体系为例［J］．改革，2021（07）：24-43.

[5] 马费成，吴逸姝，卢慧质．数据要素价值实现路径研究［J］．信息资源管理学报，
2023，13（02）：4-11.

[6] 尹西明，王朝晖，陈劲，等．数字化转型与企业绿色技术创新：基于大数据文本挖掘
的研究［J］．北京理工大学学报（社会科学版），2023，25（05）：159-170.

[7] 曹裕，李想，胡韩莉，等．数字化如何推动制造企业绿色转型？——资源编排理论视
角下的探索性案例研究［J］．管理世界，2023，39（03）：96-112+126+113.

[8] 宁连举，姚丹．信息处理理论视角下国有企业数字化的驱动因素与转型机制——基于
中化石油销售有限公司的案例研究［J］．财经科学，2023（02）：110-127.

[9] 梁敏欣，陆汉东，刘福来，等．数字化赋能精准投资：电网企业管理数字化与投资效
率［J］．投资研究，2023，42（08）：141-158.

[10] 史丹．数字经济条件下产业发展趋势的演变［J］．中国工业经济，2022（11）：26-42.

[11] 姜中霜，王节祥，李靖华．制造商依托数字技术推进跨越式服务化转型的过程：基
于诺力股份的案例研究［J］．管理工程学报，2023，37（03）：212-223.

[12] 王永贵，汪淋淋，李霞．从数字化搜寻到数字化生态的迭代转型研究——基于施耐
德电气数字化转型的案例分析［J］．管理世界，2023，39（08）：91-114.

致　谢

《国内外能源电力企业数字化转型分析报告 2023》在编写过程中，得到了国家电网公司数字化部、国务院国资委科创局及一些业内知名专家的大力支持，在此表示衷心感谢！

诚挚感谢以下专家对本报告的框架逻辑、内容观点、格式细节提出宝贵建议，对部分企业案例内容及分析数据的审核把关（按姓氏笔画排序）：

张　磊　陈建刚　高洪达　崔维平　喻小宝　鞠立伟